ENSAIOS CONTEMPORÂNEOS

A ARTE E AS ARTES
e
PRIMEIRA INTRODUÇÃO À *TEORIA ESTÉTICA*

Coleção Ensaios Contemporâneos
Coordenação: Eduardo Jardim

Referências das Obras Originais:

"Die Kunst und die Künste" in Theodor W. Adorno.
Gesammelte Schriften, vol. 10, *Kulturkritik und Gesellschaft*.
Frankfurt am Main: Suhrkamp, 1996, p. 432-453.

"Frühe Einleitung" in Theodor W. Adorno.
Gesammelte Schriften, vol. 7, *Ästhetische Theorie*.
Frankfurt am Main: Suhrkamp, 1996, p. 491-533.

A ARTE E AS ARTES
e
PRIMEIRA INTRODUÇÃO À *TEORIA ESTÉTICA*

Theodor W. Adorno

organização e tradução:
Rodrigo Duarte

copyright © Coleção Adorno. Editora Unesp. (2008 -).
copyright © desta edição, Bazar do Tempo, 2017

Todos os direitos reservados e protegidos pela Lei 9.610 de 19.2.1998.
É proibida a reprodução total ou parcial sem a expressa anuência da editora.

Este livro foi revisado segundo o Acordo Ortográfico da
Língua Portuguesa de 1990, em vigor no Brasil desde 2009.

Edição: Ana Cecilia Impellizieri Martins

Coordenação da coleção: Eduardo Jardim

Organização e tradução: Rodrigo Duarte

Coordenação editorial: Maria de Andrade

Revisão Técnica: Pedro Süssekind e Eduardo Jardim

Copidesque: Tarcila Lucena

Revisão: Vanessa Gouveia e Luiz Coelho

Projeto gráfico: estúdio \o/ malabares - Julieta Sobral e Ana Dias

Dados Internacionais de Catalogação na Publicação (CIP)
(eDOC BRASIL. Belo Horizonte/MG)

A241a
    Adorno, Theodor W., 1903-1969.
    A arte e as artes: primeira introdução à teoria estética / Theodor W. Adorno;
tradução Rodrigo Duarte. – 2. ed. – Rio de Janeiro (RJ): Bazar do Tempo, 2018.
       176 p. : 12,5 x 18 cm – (Ensaios Contemporâneos; v. 2)
       Inclui bibliografia.
       ISBN 978-85-69924-25-8
    1. Arte - Filosofia. 2. Filosofia e estética. 3. Frankfurt, Escola de sociologia de.
4. Teoria crítica I. Duarte, Rodrigo, 1957-. II. Título. III.Série.
CDD-193

Elaborado por Maurício Amormino Júnior – CRB6/2422

BAZAR DO TEMPO
Produções e Empreendimentos Culturais Ltda.
Rua General Dionísio, 53 - Humaitá
22271-050 , Rio de Janeiro, RJ
contato@bazardotempo.com.br / www.bazardotempo.com.br

NOTA INTRODUTÓRIA 7

A ARTE E AS ARTES 19

PRIMEIRA INTRODUÇÃO À *TEORIA ESTÉTICA* 67

NOTA BIOBIBLIOGRÁFICA 153

OBRAS DE ADORNO NO BRASIL 159

OBRAS SOBRE ADORNO 164

SOBRE O ORGANIZADOR E TRADUTOR 173

SOBRE A COLEÇÃO 175

NOTA INTRODUTÓRIA

Rodrigo Duarte

O leitor tem em mãos a tradução para o português de dois importantes textos de estética de Theodor W. Adorno, ambos gravitando em torno de sua *Teoria estética*, que teve publicação póstuma em 1970. O primeiro deles, "A arte e as artes" (*Die Kunst und die Künste*), foi uma palestra proferida na Academia Berlinense das Artes em 23 de julho de 1966 e primeiramente publicada no número 12 da revista *Anmerkungen zur Zeit*, em 1967.[1] O segundo é a

---

[1] As edições disponíveis atualmente são as das obras reunidas de Theodor W. Adorno e a edição avulsa de *Ohne Leitbild*, ambas da editora Suhrkamp. A referência da edição usada para a tradução deste livro é: Theodor W. Adorno, "Die Kunst und die Künste", in Theodor W. Adorno, *Gesammelte Schriften vol. 10.1, Kulturkritik und gesellschaft I, Prismen, Ohne Leitbild*, Frankfurt am Main: Suhrkamp, 1996, p.432-453; e "Frühe Einleitung" in Theodor W. Adorno. *Gesammelte Schriften vol. 7, Ästhetische Theorie*. Frankfurt am Main: Suhrkamp, 1996, p. 491-533.

"Primeira introdução" (*Frühe Einleitung*) à *Teoria estética*, que, segundo Rolf Tiedemann, editor do texto deixado em espólio, "seria substituída por uma nova",[2] caso Adorno tivesse terminado a redação da obra. Ambos os textos se relacionam com a *Teoria estética*, uma vez que a época de sua redação coincide com a fase de finalização da grande obra de estética com a qual Adorno gostaria de coroar uma sequência de trabalhos nessa área, que teve o seu início na segunda metade da década de 1930.

"A arte e as artes" é um dos textos de estética mais importantes do autor. Ele sela um novo direcionamento na reflexão do filósofo, a qual, no que tange ao inter-relacionamento entre as artes, desde o início da década de 1940, era marcada pelo que denominou "pseudomorfose", a saber, a pervasão[3] do que é característico num *métier* artístico pelo que é típico de outro, que, por razões socioeconômicas, assume posição privilegiada no

---

[2] Rolf Tiedemann, "Editorisches Nachwort", in Theodor W. Adorno, *Gesammelte Schriften 7. Ästhetische Theorie*, Frankfurt am Main: Suhrkamp, 1996, p. 537.

[3] O substantivo "pervasão" (correspondente ao inglês *pervasion*) ainda não está dicionarizado em português. No entanto, o termo é cada vez mais difundido em textos de ciências humanas e de filosofia em seu significado de extrapolação de algo para além dos limites que lhe eram previamente impostos.

cenário cultural.[4] Se esse posicionamento, por um lado, foi alvo de grande rejeição pela radicalidade que o levou a criticar duramente, por exemplo, um monstro sagrado da música do século XX como Igor Stravinsky, por outro lado, sempre esteve ligado a uma intransigência exemplar contra o processo de reificação iniciado na virada do século XIX para o XX, com o surgimento e posterior consolidação da cultura de massas, denominada por Adorno, juntamente com Max Horkheimer, na *Dialética do esclarecimento*,[5] "indústria cultural".

É claro que essa superação do conceito de pseudomorfose não ocorreu da noite para o dia, mas num processo que provavelmente se iniciou em meados da década de 1950 e atingiu a sua manifestação mais explícita em "A arte e as artes", e – curiosamente – não na própria *Teoria estética*, ainda que haja nesta algumas indicações implícitas de um novo posicionamento. Isso pode ser parcialmente explicado pelo fato de que Adorno deixou inacabada sua principal obra de

....

4 Cf. Rodrigo Duarte, "Sobre o conceito de 'pseudomorfose' em Theodor Adorno", in *Artefilosofia*, Ouro Preto, nº 7, out 2009, p. 31-40.
5 Theodor W. Adorno e Max Horkheimer, "Indústria cultural. O esclarecimento como mistificação das massas", in *Dialética do esclarecimento*, 1985, p. 113ss.

estética, tendo havido a possibilidade concreta de que a concepção, mais avançada, de *Verfransung* das artes fosse posteriormente integrada a ela. O seu significado, no texto em tela, é o de uma interpenetração das artes, tendo em vista um novo cenário para a expressão estética a partir de, digamos, meados do século XX.

O termo em alemão, aliás, constituiu-se numa das grandes dificuldades para a tradução de "A arte e as artes", pois ele sequer é encontrável nos dicionários de língua alemã mais usados pelos próprios alemães, como o *Duden* e o *Wahrig*. Trata-se de uma palavra provavelmente derivada do francês, *effrangement*, também de difícil tradução, cujo significado remete a *frange* (franja), no sentido literal de um conjunto de fios que, unidos, formam um todo: seja num tecido, seja mesmo na forma de um penteado. Numa pesquisa feita sobre traduções do — ou comentários ao — texto de Adorno, chegou-se inicialmente a termos como *desflecamiento* (espanhol), *fraying* e *frazzling* (inglês). Enquanto o primeiro remete ao termo "fibrilação", no sentido clínico/médico, os dois últimos significam, respectivamente, "esgarçamento" e "esfacelamento". Com certeza, nenhuma dessas opções atende ao significado que Adorno quis atribuir à palavra *Verfransung*. Em artigos que escrevi sobre esse assunto, usei de modo provisório, precário, o termo "imbricação", ciente, no entanto, de que o sentido não estava exato. A luz que faltava veio com o conhecimento da publicação espanhola[6] do texto de Adorno, na qual se usa o termo *enlazamiento* como tradução de *Verfransung*. Desse modo, adotou-se, aqui, "enlaçamento", que, pela relação com a palavra "laço", remete corretamente aos fios que formam uma franja e dá o sentido de um entretecimento das diversas linguagens artísticas.

Na tradução de "Primeira introdução", as dificuldades foram de outra natureza. Não havia um termo-chave, como no outro texto, de cuja correta tradução dependia sua boa compreensibilidade em português. Em compensação, toda a escrita apresenta características de um rascunho, no qual se intercalam frases com complexas subordinações com outras de cunho paratático, o que dificultou o estabelecimento de um texto em português que não cause certo estranhamento no leitor, uma vez que isso ocorre indubitavelmente também no

---

6 Theodor W. Adorno, "El arte y las artes", in *Cultura y sociedad I. Prismas. Sin imagen directriz*, Obra completa 10, Madrid: Akal, 2008, p. 379-396.

original alemão. Rolf Tiedemann apontou para características dessa natureza nas formulações de Adorno, ao mesmo tempo que reconheceu a importância do escrito:

> *A primeira introdução, corrigida, mas abandonada por Adorno, foi incluída como apêndice; o seu peso objetivo proibia que se a deixasse de fora. Peculiaridades de ortografia foram conservadas. Também a pontuação, que segue ainda amplamente o ritmo da fala e que, para a impressão, sem dúvida seria aproximada por Adorno às regras usuais, permaneceu inalterada. O manuscrito, que devido às correções manuais se tornou de leitura difícil até mesmo para Adorno, determinou que formulações ocasionalmente elípticas ou em anacolutos permanecessem; nesse caso, corrigiu-se cautelosamente.*[7]

No que diz respeito à divisão do texto em parágrafos, esta edição acompanhou os títulos dos longos — germânicos — parágrafos, apresentados na edição alemã, com a diferença de que, para facilitar a leitura, interpuseram-se entre eles títulos entre colchetes.

―――――――――

7 Rolf Tiedemann, op. cit., p. 542.

Uma rápida análise dos títulos desses parágrafos mostra o quanto eles estavam sintonizados com os temas tratados no corpo da *Teoria estética*, ainda que o seu enfoque seja sempre diferenciado (e não raro mais empolgante). O primeiro, "O envelhecido na estética tradicional", é implacável quanto aos impasses a que estará submetida a filosofia da arte, se ela não se renovar — e mesmo se reinventar — completamente. O parágrafo seguinte, "Mudança de função da ingenuidade", retoma a discussão sobre o que é pressuposto na percepção dos objetos estéticos. O terceiro parágrafo, "Estética tradicional e arte atual: irreconciliáveis", procura mostrar como a revolução nas linguagens artísticas na virada do século tornou obsoleta a estética tradicional. O quarto, "Teor de verdade e caráter de fetiche das obras de arte", sinaliza que a verdade das obras de arte é, pelo menos parcialmente, função de sua exposição a um modo de fetichismo (no sentido marxiano do termo). O quinto parágrafo, "Urgência da estética", tenta indicar que, apesar de todos os impasses, a estética continua indispensável: não apenas para o público das artes, mas também — talvez especialmente — para os artistas. No parágrafo seguinte, "Estética como refúgio da metafísica", Adorno procura mostrar que proposições metafísicas, há muito consideradas caducas no âmbito da filosofia em geral, podem recuperar sua verdade quando aplicadas aos fenômenos estéticos. No sétimo parágrafo, "Experiência estética como compreender objetivo", Adorno retoma o tema da compreensão filosófica das obras, ainda que numa chave diferente — e mesmo oposta à — da hermenêutica. O oitavo parágrafo, "Análise imanente das obras e teoria estética", propõe a diferenciação entre uma abordagem técnica de fenômenos estéticos e sua compreensão propriamente filosófica, privilegiando, naturalmente, essa última. No nono parágrafo, "Para a dialética da experiência estética", Adorno aponta, como o título já indica, para a natureza essencialmente dialética da experiência com as obras de arte e, no décimo, "Universal e particular", ele recupera a discussão sobre o que constitui a universalidade no âmbito estético. O parágrafo seguinte, "Posicionamento sobre a estética de Hegel", indica os avanços e os retrocessos da filosofia hegeliana da arte, principalmente numa comparação com a estética de Kant. Os dois parágrafos seguintes, "Estética formal e de conteúdo" (I e II), abordam a necessidade de superação da dicotomia entre esses dois aspectos — intimamente relacionados — dos objetos estéticos, enquanto um subitem do segundo deles, "Normas e palavras de ordem", aponta para o teor de verdade dos manifestos estéticos. No último parágrafo, intitulado "Metodologia, 'reflexão segunda', história", Adorno conclui o texto assinalando a impossibilidade de uma metodologia universal na estética, mostrando como a objetividade das avaliações pode ser recuperada por uma espécie de subjetividade reduplicada e sinalizando o papel da história inerente à teoria estética.

Quanto às notas acrescentadas às já existentes em ambos os textos, elas têm a função, em grande parte, de informar o leitor sobre dados biográficos dos criadores (artistas plásticos, escritores, dramaturgos etc.) e dos pensadores citados por Adorno, embora haja também algumas notas explicativas de conceitos ou termos técnicos. O critério adotado nas notas relativas a artistas e filósofos foi a data da sua morte ter ocorrido após 1900, excetuados pensadores muito conhecidos, como Heidegger. No entanto, acabaram sendo inevitáveis entradas que pareceriam desnecessárias, como, entre outras, a relativa a Mondrian, logo no início de "A arte e as artes"; mas, por uma questão de coerência, também nesses casos, observou-se o critério acima exposto.

Não poderia encerrar esta apresentação sem externar meus agradecimentos a Eduardo Jardim, pela criteriosa revisão de "A arte e as artes" e a Pedro Süssekind, por trabalho semelhante realizado na "Primeira introdução". Expresso também a minha alegria em contribuir para uma publicação como esta, que, por iniciativa da Bazar do Tempo, põe à disposição do público leitor brasileiro (e de língua portuguesa em geral) dois textos de Theodor W. Adorno que auxiliam muitíssimo na compreensão da arte e da cultura contemporâneas.

A ARTE E AS ARTES

No desenvolvimento mais recente, fluidificam-se as fronteiras entre os gêneros artísticos ou, mais exatamente, suas linhas demarcatórias se entrelaçam. Técnicas musicais são claramente inspiradas por pictóricas, como as chamadas informais, mas também pela construção do tipo da de Mondrian.[1] Muita música tende para a arte gráfica em sua notação. Esta se torna parecida não apenas com figuras gráficas autônomas, mas sua essência gráfica assume diante do compor alguma independência; mais notadamente, talvez, nas obras do italiano Sylvano Bussoti,[2] que era artista gráfico antes de migrar para a música. Técnicas especificamente musicais como a serial influenciaram, enquanto princípios construtivos, a

---

1 N. do T.: Piet Mondrian (1872-1944) foi um pintor holandês, criador do movimento artístico Neoplasticismo.

2 N. do T.: Sylvano Bussoti (1931-) é compositor, instrumentista, pintor, escritor, cenógrafo, diretor, figurinista e ator italiano.

moderna prosa, como a de Hans G. Helms[3] – uma compensação para o recuo do conteúdo narrado. A pintura, por outro lado, não se contenta mais em se restringir à superfície. Ao mesmo tempo que evitou a ilusão da perspectiva espacial, pervade o espaço. Que se lembre de Nesch[4] ou dos proliferantes construtos de Bernhard Schultze.[5] Nos móbiles de Calder,[6] a escultura, não mais imitando o movimento, como na sua fase impressionista, deixa de permanecer inerte e aspira, ao menos de modo particular, a se temporalizar, como uma harpa eólica.

As sessões musicais, por meio de intercâmbio ou de ordenações cambiantes, perdem algo da obrigatoriedade de sua ordem temporal, abrindo mão da semelhança com as relações causais. Os escultores também não mais respeitam as fronteiras da escultura e da arquitetura, tal como se impõem de modo evidente a

---

3 N. do T.: Hans G. Helms (1932-2012) foi escritor, compositor e teórico social alemão.

4 N. do T.: Rolf (Emil Rudolf) Nesch (1893-1975) foi um artista plástico expressionista alemão, especialmente conhecido por suas gravuras.

5 N. do T.: Bernhard Schultze (1915-2005) foi um pintor polonês-alemão, conhecido como cofundador do grupo de artistas Quadriga.

6 N. do T.: Alexander Calder (1898-1976) foi um escultor e pintor estadunidense que se tornou conhecido por seus "móbiles".

partir da diferença entre o que é finalístico e o desprovido de fins. Recentemente, Fritz Wotruba[7] chamou-me atenção para o fato de algumas de suas esculturas, em um processo que se avoluma com rudimentos da figura humana, tornarem-se figuras quase arquitetônicas por meio de progressiva desmaterialização. Ele se referia explicitamente a Scharoun.[8] Quem está acostumado a relacionar experiências estéticas a um âmbito que lhe é mais familiar — a música — nota esses fenômenos com o arbítrio do que acabou de ser observado; longe de mim querer classificá-los. Mas mostram-se de modo tão múltiplo e insistente, que é preciso ser cego para não depreender sintomas de uma forte tendência. Ela deve ser conceitualizada para se interpretar o processo de enlaçamento onde for possível.

Tal processo tem mais força onde brota, de modo imanente, do próprio gênero. Não há necessidade de mentir sobre o fato de que alguns olham enviesado para um ou para outro lado. Quando composições musicais

---

7 N. do T.: Fritz Wotruba (1907-1975) foi um dos mais importantes escultores austríacos do século XX.

8 N. do T.: Bernhard Hans Henry Scharoun (1893-1972) foi um arquiteto alemão, conhecido por projetar a "Filarmonia" de Berlim (sede e local de apresentação da Orquestra Filarmônica dessa cidade).

tomam emprestado seus títulos de Klee,[9] pode-se desconfiar que isso tenha um sentido apenas decorativo, o contrário daquela modernidade reivindicada por meio desses procedimentos. Tendências desse tipo certamente não são tão infames como quer fazer crer a indignação com um pretenso esnobismo. Aqueles que especialmente falam dos companheiros de jornada são os que permaneceram inertes. Na verdade, eles se referem aos que abrem os caminhos. A imunidade contra o espírito do tempo não é, enquanto tal, qualquer mérito. Raramente é prova de resistência; na maior parte dos casos, é sinal de provincianismo. Até mesmo na débil figura da imitação, a coerção a ser moderno constitui um pouco de força produtiva.

Mas a tendência ao enlaçamento é algo mais do que uma insinuação ou aquela síntese suspeita, cujos rastros assustam pela referência à obra de arte total. Os *happenings* gostariam de ser obras de arte totais unicamente como obras totais de antiarte. Assim, a aglomeração de valores sonoros, lembrando evidentemente procedimentos pictóricos, a partir do princípio

---

9 N. do T.: Paul Klee (1879-1940) foi um pintor e poeta suíço-alemão.

da melodia de coloridos sonoros, deriva da inclusão de timbres como um elemento constitutivo, e não da imitação de efeitos pictóricos. Há quase sessenta anos, Webern[10] escreveu peças a partir de notas pontuais, criticando aquele inútil giro que facilmente apenas finge que algo acontece na extensão musical. E as notações gráficas, em cuja invenção a jocosidade tomou parte de modo algum ilegítima, correspondem à necessidade de fixar os acontecimentos musicais de modo mais flexível e, portanto, mais exato do que os signos habituais, calibrados para a tonalidade. Elas querem algumas vezes facilitar também a improvisação.

Por toda parte, aqui, são obedecidos desideratos puramente musicais. Não seria muito difícil reconhecer na maioria dos fenômenos de enlaçamento motivações imanentes como essas. Se não estou enganado, aqueles que espacializam a pintura, procuram por um equivalente para o princípio organizador da forma, perdido juntamente com a perspectiva espacial. Novidades musicais que desprezaram seletivamente, nas provisões tradicionais, o que é antevisto como

10 N. do T.: Anton Webern (1883-1945) foi um compositor austríaco, pertencente à chamada Segunda Escola de Viena.

sendo música, foram causadas, de modo análogo, pela perda da dimensão harmônica de profundidade e dos tipos formais que dela fazem parte. Aquilo que derruba os marcos fronteiriços dos gêneros é movido por forças históricas que brotaram de dentro das fronteiras e finalmente as ultrapassaram.

No antagonismo entre a arte contemporânea avançada e o chamado grande público, esse processo desempenha, provavelmente, um papel considerável. Onde fronteiras são desrespeitadas, o medo reativo da confusão se faz facilmente sentir. O complexo externou-se de modo patogênico no culto nacional-socialista da raça pura e do xingamento do que é híbrido. O que não se atém à disciplina de uma zona uma vez estabelecida vale como imoral e decadente, apesar de aquelas zonas não possuírem origens naturais, e sim históricas, algumas delas tão tardias como a emancipação da escultura da arquitetura, as quais se uniram novamente no barroco. A forma normal da resistência contra desenvolvimentos que devem ser incompatíveis com o gênero em que ocorreram é familiar ao músico na forma da pergunta: "isso ainda é música?" Isso já era feito em coro, há muito tempo, quando a música se desenvolvia de acordo com

A ARTE E AS ARTES

legalidades indiscutivelmente imanentes, mesmo que modificadas. Hoje, a questão filisteia "isso ainda é?" foi tomada pela vanguarda de modo literal. Ela é respondida ocasionalmente com uma música que, de fato, não quer mais o ser. Um quarteto de cordas do compositor italiano Franco Donatoni,[11] por exemplo, é montado somente a partir de ruídos produzidos pelos quatro instrumentos de corda. As muito significativas, e altamente bem compostas, "Atmosferas", de György Ligeti,[12] não conhecem quaisquer sons diferenciáveis no sentido convencional. A "Ionisação", de Edgard Varèse,[13] surgida já há décadas, foi uma forma anterior de esforços desse tipo. Forma anterior porque, apesar de uma renúncia quase total a alturas determinadas de som, resulta, por meio de progressões rítmicas, em uma im-

---

11 N. do T.: Franco Donatoni (1927-2000) foi um compositor italiano e entre suas composições mais conhecidas se encontram: "For Grully" (1960), "Puppenspiel" (1961), "Per orchestra" (1962), "Puppenspiel II" (1966), "Souvenir" (1976), "Voix" (1973)..

12 N. do T.: György Sándor Ligeti (1923-2006) foi um compositor judeu húngaro (sua peça "Atmosferas", mencionada por Adorno, tornou-se conhecida por fazer parte da trilha sonora do filme *2001 – Uma odisseia no espaço*, de Stanley Kubrick).

13 N. do T.: Edgard Victor Achille Charles Varèse (1883-1965) foi um compositor francês naturalizado estadunidense.

pressão musical até certo ponto tradicional. Os gêneros artísticos parecem usufruir um tipo de promiscuidade que ocorre contra tabus civilizatórios.

Ao mesmo tempo que o apagamento das classes de arte limpamente ordenadas provoca medos civilizatórios, insinuam-se também as tendências racional e civilizatória, das quais a arte participou desde sempre, irreconhecível para o amedrontado. Em 1938, um professor da Universidade de Graz, chamado Othmar Sterzinger,[14] publicou o livro *Fundamentos da psicologia da arte* e o dedicou "aos amigos das artes". O comovente elemento filisteu do plural ilumina o assunto: uma multiplicidade de bens destinados ao observador contemplativo, da cozinha até o salão, que, de fato, é ricamente exemplificada e degustada. Diante do epitáfio em que o rico defunto é declarado como tendo sido um amigo e incentivador das artes, a impaciência da arte com essa multiplicidade torna-se compreensível. Ela se irmana regularmente com a não menos repugnante ideia de fruição

---

14 N. do T.: Othmar Sterzinger (1879-1944) foi um cientista natural (formado nas áreas de física, matemática e química) e psicólogo austríaco.

da arte, que, como no caso de Sterzinger, comemora suas miseráveis orgias – as da repetição estúpida. A arte preferiria nada mais ter a ver com seus argutos amigos, além do que, em virtude das considerações materiais, é inevitável. *"My music is not lovely"*, resmungou Schönberg[15] em Hollywood, quando um magnata do cinema, que não o conhecia, quis elogiá-lo. A arte se liberta do seu momento culinário: ele se tornou irreconciliável com o espírito quando esse perdeu sua inocência, a da unidade com o que é composto, em cuja função o belo som se transformou no progresso da dominação do material. Desde que o elemento culinário – o estímulo sensível – é cindido e se torna um fim em si mesmo, e objeto de uma planificação racional, a arte se revolta contra toda dependência do material previamente dado, fechado em relação à criação autônoma, que se reflete na classificação da arte em artes. Pois os materiais dispersos correspondem aos momentos de estímulos difusos dos sentidos.

---

15 N. do T.: Arnold Schönberg (1874-1951) foi um compositor austríaco, fundador da Segunda Escola de Viena e inventor da técnica dodecafônica.

A grande filosofia, Hegel e Schopenhauer, cada um a seu modo, laborou sobre a diversidade heterogênea e procurou sintetizar teoricamente a dispersão. Schopenhauer, num sistema hierárquico, coroado pela música; Hegel, num sistema dialético-histórico, que deveria culminar na poesia. Tudo isso foi insuficiente. Certamente, a hierarquização de obras de arte não obedece à escala de valor de sistemas com seus diversos gêneros. Isso não depende nem da posição do gênero na hierarquia, nem – como, aliás, o classicista Hegel se absteve de declarar – da posição no processo de desenvolvimento, de modo que o mais posterior seria *eo ipso* o melhor. A suposição geral seria tão falsa como o seu contrário. A síntese filosófica na ideia de arte, que gostaria de ir além da coexistência imatura de seus gêneros, orienta-se por meio de seus juízos esquivos, como o de Hegel sobre a música ou como o de Schopenhauer, com o qual ele reservou um nicho para a pintura histórica. Por outro lado, a própria lei de movimento da arte se aproxima de sínteses desse tipo. O livro de Kandinsky,[16] *Do espiritual na arte*, cujo programa, *tant bien que mal*,

---

16 N. do T.: Wassily Kandinsky (1866-1944) foi um pintor russo, um dos fundadores do abstracionismo nas artes plásticas.

A ARTE E AS ARTES

era a fórmula do programa latente do Expressionismo, registrou-o pela primeira vez. Não é por acaso que, nele, no lugar de uma simbiose das artes ou de sua aglomeração em vista de um pretenso efeito mais intenso, entra em cena a reciprocidade técnica.

O triunfo da espiritualização na arte, que Hegel antecipou na construção do que ele chama de arte romântica, foi, no entanto, uma vitória de Pirro, como tudo o que é triunfal. O grandiloquente manifesto de Kandinsky não se amedronta diante de exemplos apócrifos, até mesmo de Rudolf Steiner[17] e da impostora Blavatsky.[18] A fim de legitimar sua ideia do espiritual na arte, lhe é bem-vindo tudo que, naquela época, de algum modo, se colocava a favor do espírito e contra o positivismo – até mesmo os espíritos. Isso não deve ser atribuído apenas à desorientação teórica dos artistas. Não poucos que trabalharam nos seus *métiers* sentiram e sentem a necessidade de uma apologética teórica. A perda da evidência de seus objetos

---

17 N. do T.: Rudolf Steiner (1861-1925) foi um filósofo, educador, artista e esoterista austro-húngaro, fundador do Movimento Antroposófico e da Pedagogia Waldorf.

18 N. do T.: Elena Petrovna Blavatskaya (1831-1891), mais conhecida como Helena Blavatsky ou Madame Blavatsky, foi uma escritora russa, cofundadora da Sociedade Teosófica.

e procedimentos os impele a reflexões que eles frequentemente não dominam. Sem escolha e formados pela metade, recebem-nas de onde as podem recolher.

Mas não se trata de insuficiências subjetivas do pensamento. Tanto quanto o escrito de Kandinsky retém a experiência do seu momento, também o conteúdo dessa experiência possui, ao lado de sua verdade, algo de questionável. Isso o levou a calçá-lo com o elemento questionável. O espírito que, no que tange à arte, não mais encontra satisfação na aparição sensível, torna-se independente. Hoje, como há cinquenta anos, qualquer um pode se inteirar da coerção a isso, no sentimento de "não dá mais", à medida que encontre obras de arte sensivelmente agradáveis e que sejam autênticas.

Entretanto, nesse processo legítimo e incontornável de tornar o espírito independente, ele se torna inevitavelmente o que Hegel chamaria de abstrato, algo separado dos materiais e procedimentos das obras. Aquele é assentado nestes, como foi um dia, em alegorias. De modo bastante paradoxal, qual elemento sensível significa algo espiritual — por exemplo, o valor simbólico de uma cor — e o que significa, a convenção decide, exatamente a categoria contra a qual todo o movimento da nova arte se revoltou mais violentamente. Isso se comprova pelas relações entrecruzadas entre a arte radical no seu primeiro momento e o artesanato. Cores e sons que supostamente são significativos desempenham aqui um papel obscuro. As obras de arte que desvalorizam com razão o estímulo sensível, precisam, entretanto, de portadores sensíveis para se realizar, como disse Cézanne. Quanto mais consequente e radicalmente elas insistem em sua espiritualização, mais elas se distanciam daquilo que deveria ser espiritualizado. Seu espírito também flutua; entre si e seus portadores se interpõem espaços vazios.

O primado da conexão, que estabelece o princípio construtivo no material, transforma-se com sua dominação pelo espírito na perda do espírito, do sentido imanente. Nessa aporia, labora desde então toda arte, a mais séria, de forma mais dolorosa. Espiritualização, disposição racional sobre os modos de procedimento, parece expulsar o próprio espírito enquanto conteúdo da coisa. O que deveria espiritualizar o material termina em material nu enquanto um mero ente, tal como nos mais tardios desenvolvimentos de algumas escolas

— em termos musicais, por exemplo, John Cage[19] — expressamente exigia. O espírito que Kandinsky e, de modo certamente semelhante, o Schönberg da fase expressionista defenderam como intocado e literalmente verdadeiro — também em Schönberg nada funcionava sem a teosofia —, torna-se obrigatório e, exatamente por isso, é em benefício de si mesmo entronizado: "deves acreditar no espírito!".

Para isso se esforçam os gêneros artísticos individuais rumo a suas generalizações concretas, a uma ideia de arte, pura e simplesmente. Expliquemos isso no caso da música. Schönberg exigiu intransigentemente sua unificação, por meio de seu procedimento integral, abrangendo todas as dimensões compositórias da música. Em termos teóricos, ele a expressou na concepção de uma doutrina do nexo musical. A ele deveriam ser subordinados todos os momentos particulares do trabalho musical; a doutrina da composição tornou-se para ele essa doutrina. Sob o primado do nexo, pode-se subsumir de modo esclarecedor o desenvolvimento da música durante os últimos vinte

---

19 N. do T.: John Cage (1912-1992) foi um compositor, teórico musical e escritor estadunidense, um dos criadores da música aleatória.

anos. Seguindo, de modo consciente ou não, o programa de Schönberg, esse desenvolvimento tangenciou o que até então, ainda também nele, valia como musical. Ele unificou virtualmente todos os meios surgidos na história objetiva – não refletida – da música de formar nexos em benefício da obra totalmente organizada em si mesma. Confrontados com a norma da regularidade artística, aqueles meios revelaram-se, porém, de modo suficientemente rápido, por sua parte, aleatórios, limitados – como casos particulares do nexo musical em geral, assim como, no interior da obra de Schönberg, a tonalidade se mostrou como caso particular das formas melódico-harmônicas, ao qual o compositor pôde ocasionalmente recorrer.

Então, foi de uma envergadura imprevisível, segundo Schönberg, o passo de desvincular o conceito do nexo musical, por ele estabelecido, dos seus pressupostos convencionais e, com isso, de tudo que foi sedimentado sob o conceito do elemento musical. A música, tornada alérgica até mesmo aos meios de formação de nexo, como a atonalidade livre e a técnica dodecafônica, nos quais ela escutava com ouvidos aguçados os rastros da tonalidade aqui negada, enfrentou o conceito do nexo, livre e independentemente de suas figuras corporificadas e limitadas no ouvido. Toda a obra de Stockhausen[20] pode ser concebida como a tentativa de pôr à prova as possibilidades do nexo musical num *continuum* multidimensional. Essa soberania que permite, numa imprevisível multiplicidade de dimensões, estabelecer o nexo, cria, a partir do interior, o liame da música com o elemento visual, com a arquitetura, com a escultura e com a pintura. Quanto mais os meios formadores de nexo dos gêneros artísticos particulares se difundem pelo repertório ramificado e, ao mesmo tempo, se formalizam, mais os gêneros são subordinados a algo idêntico.

Certamente, a exigência de que os gêneros artísticos se unifiquem em arte, cuja forma prévia são os procedimentos integrais no interior dos gêneros artísticos particulares, é mais antiga do que a modernidade. Robert Schumann cunhou a sentença: a estética de uma arte é também a das outras. Isso tinha um significado romântico, culminando com o fato de que a música deveria dar alma a seus momentos arquitetônicos,

---

20 N. do T.: Karlheinz Stockhausen (1928-2007) foi um compositor alemão, um dos criadores da música eletroacústica.

A ARTE E AS ARTES

tornados ornamentalmente estimulantes. Ela deveria tornar-se poética, assim como Beethoven era visto pela geração que o sucedeu como um poeta de sons.

Em contraste com o enlaçamento moderno, o acento recaía sobre a subjetividade. As obras de arte se tornaram impressões digitais de uma alma, de nenhum modo coincidente com o compositor individual: linguagem do eu expressando-se livremente; isso juntou as artes umas com as outras. Provavelmente, poder-se-ia expor quão semelhantemente a mesma alma anima os diversos gêneros. Mas seus limites foram, nisso, muito raramente desrespeitados. Eles permaneceram o que eram e essa dissintonia não é um motivo crítico menos considerável para o desenvolvimento mais recente.

O elemento problemático no primado do estético, enquanto o que é animado, sobre seus meios deixa-se mais claramente antever na categoria característica da sintonia (*Stimmung*). A partir de certo ponto, na resistência contra o neorromantismo e o impressionismo, a modernidade se voltou contra ela. O que, entretanto, na sintonia, irritou como inconsistente e derretido não era tanto aquele narcisismo de que os amigos reacionários da dieta artística reforçada acusam como algo diferenciado que não conseguem acompanhar, mas, antes, um momento na objetividade da coisa: falta de resistência no seio de sua composição interior. Onde ela procura uma sintonia sem perfil definido e autossatisfeita, falta-lhe o momento da alteridade. A arte precisa de algo que lhe seja heterogêneo para se tornar arte. Se não, o processo, de acordo com o qual, segundo o conteúdo, cada obra de arte é em si mesma, não teria qualquer ponto focal, giraria sem sair do lugar. A oposição da obra de arte à esfera dos objetos torna-se produtiva, sendo a obra autêntica apenas onde ela comporta essa oposição de modo imanente, objetiva-se naquilo que em si mesmo a devora. Nenhuma obra de arte, nem mesmo a mais subjetivista, esgota-se no sujeito que a constitui juntamente com o seu conteúdo. Qualquer uma possui materiais que se contrapõem ao sujeito de modo heterogêneo, modos de procedimento que se orientam tanto pelos materiais quanto pela subjetividade. Seu teor de verdade não se esgota nesta, mas se deve a uma objetivação que de fato necessita do sujeito como seu executor; mas, em virtude da relação imanente com aquele outro, ultrapassa o sujeito. Isso traz à baila um momento do que é irredutível, qualitativamente diversificado. Esse se opõe àquele princípio de unidade, também ao dos gêneros artísticos, em virtude daquilo que eles expressam.

Se as obras de arte desconsideram isso, então elas se perdem naquela generalidade estética que se pode observar nos produtos das pessoas que, como se diz, são artisticamente talentosas, mas não exatamente para algo. Exatamente os artistas de altíssima qualidade, cujo talento não esteve ligado inequivocamente a um só material, como Richard Wagner, Alban Berg,[21] talvez também Paul Klee, dirigiram, com toda razão, sua energia para fazer submergir a generalidade estética num material específico. Apesar disso, aquela também permanece como um éter, como forma de reação que não recua diante da dureza totalmente realista da disciplina do material. Se a arte, à medida que ela se satisfaz com uma generalidade estética, gravita no que é diletante, então aquela em que foi excluído o último vestígio daquele éter — é muito simples que alguém seja um artista — resseca num filisteísmo artesanal. Não é à toa que os adeptos dos chamados movimentos de música popular

---

21 N. do T.: Alban Berg (1885-1935) foi um compositor austríaco que, juntamente com Schönberg e Webern, integrou a Segunda Escola de Viena. Foi professor de composição de Adorno nos anos 1925-6.

e de juventude (*Volks- und Jugendmusikbewegung*) se irritaram tão violentamente com a frase schumanniana. Se a estética unitária muito rapidamente desvia de tudo que é heterogêneo à obra de arte para além dela mesma – na música de Schumann esse processo infeliz floresce como expressão da infelicidade –, então a exigência contrária de uma justiça ao material, que arregaça as mangas, é uma autojustiça. Ela finge que os aspectos heterogêneos da obra de arte, principalmente aqueles cujas práticas não foram filtradas pela subjetividade, possuem um conteúdo de verdade que eles não têm em si mesmos.

O conflito entre a arte e as artes não pode ser decidido a favor de uma ou das outras por qualquer decreto. Mesmo na fase romântica tardia, as artes renunciaram à pura e simples unificação, que, naquela época, era professada em nome da vontade de estilo – que não era mais que o *Jugendstil*. Sabe-se que a relação dos grandes poetas neorromânticos como George[22] e Hofmannsthal[23] com as artes plásticas não era feliz.

---

22 N. do T.: Stefan George (1868-1933) foi um poeta e tradutor alemão, representante da Escola Neorromântica.

23 N. do T.: Hugo von Hofmannsthal (1874-1929), foi um escritor e dramaturgo austríaco, representante da Escola Neorromântica.

Eles tomaram pintores simbolistas como Burne-Jones,[24] Puvis de Chavannes[25] e Böcklin[26] por seus parentes afins, e George não recusou para os impressionistas a frase guilherminiana de borradores de tinta desaforados. Eles não perceberam que seu elemento poético se encontrava mais bem representado nas técnicas dos impressionistas do que em matérias como a posteriormente mal-afamada iniciação na fonte mística.

A culpa disso não era do preciosismo literário ou do desconhecimento provinciano do que ocorria em Paris. Não há poucos poemas de George cujo imaginário se encontra inegavelmente próximo da fatal pintura simbolista. Mas, eles se tornam algo diferente em virtude do fato de que os melhores encontram sua visualidade específica na linguagem e não na representação ótica. Se se traduzisse as paisagens outonais do ciclo "Após a colheita" em pintura, elas seriam *kitsch*. Na sua

---

24 N. do T.: Sir Edward Coley Burne-Jones (1833-1898) foi um pintor tradicionalista e designer britânico.

25 N. do T.: Pierre Puvis de Chavannes (1824-1898) foi um pintor francês que se tornou o presidente e cofundador da Société Nationale des Beaux-Arts.

26 N. do T.: Arnold Böcklin (1827-1901) foi um pintor suíço, representante do movimento simbolista.

figura linguística, em que as palavras têm para as cores valores (*valeurs*) totalmente diferentes das cores corpóreas em um quadro, algumas palavras resistem ao que é ultrapassado. Esses valores são o que, na poesia, a ligam à música. A situação em que os gêneros artísticos, sob matérias — e camadas de associação — muito semelhantes, diferem essencialmente segundo o conteúdo é mais claramente observável na música. Aspectos baladescos antigos alemães, cavaleirescos-armados ou delicadamente imaginativos da expressão de Brahms só podem contestar aqueles cuja capacidade musical dispensa um acréscimo do elemento extramusical, sem o qual não há qualquer elemento musical. Por outro lado, em virtude do fato de que aqueles momentos de expressão de Brahms nem são consolidados numa imagem, nem são externados de modo grosseiro, mas cintilam, para logo desaparecerem de novo, eles escapam ao âmbito das medidas. Nenhuma crítica poderia exigir o compromisso das obras com esses fugidios fermentos de expressão, nunca elas se avolumam de modo tosco, materialmente grosseiro, a partir do que é composto. Antes, se dissolvem em sua pura experiência, uma linguagem musical em si mesma totalmente pré-formada. Ela se incandesce naqueles momentos heterogêneos, mas não se reduz em nenhum instante a eles e a seu nível. Se as grandes obras de arte devem ter sorte para o serem, então a de Brahms foi que suas baladas se tornaram música e não poesia. O que as artes querem dizer com o seu *o quê* torna-se o *como* elas querem dizer algo outro. Seu conteúdo é a relação do *o quê* com o *como*. Elas se tornam arte em virtude de seu conteúdo. Ele necessita do *como* delas, sua linguagem particular; ele se dissolveria em algo mais abrangente, para além do gênero.

Tentativas de responder à questão sobre o primado da arte ou das artes, favorável àquela ou a estas, vêm, na maior parte das vezes, de conservadores culturais. Pois o seu interesse é trazer a arte a invariantes, as quais, de modo aberto ou latente, moldadas segundo o que é passado, servem para a difamação do que é presente ou futuro. Por toda parte, o pensamento conservador, totalmente reacionário, tende para alternativas entre ovelhas e bodes e recua diante do pensamento sobre a dimensão contraditória específica nos fenômenos. Eles denunciam a dialética como feitiçaria sofística, sem a possibilidade de conceder espaço ao seu *fundamentum in re*. Rudolf Borchardt,[27] o decidido defensor alemão de uma diferença qualitativa entre as artes, que quase não admite mais um conceito de arte, tendente a um extremo arcaísmo, rendeu, é verdade, tributo a Hegel, em um ensaio sobre Benedetto Croce;[28] mas nisso, entretanto, demonstrou uma arraigada incompreensão. Na crença errônea de que, apenas com Croce, Hegel teria marcado época para além das querelas acadêmicas, ele não percebe que aquele isolou como morto o momento verdadeiramente dialético da filosofia de Hegel e o nivelou ao conceito de desenvolvimento, tal como era corrente por volta de 1900, e a uma coexistência pacífica com o diferente. A intenção do próprio Borchardt, exposta no ensaio "Sobre o poeta e o poético", não é infectada por qualquer dialética. Ele quer, com recurso a Herder, subtrair de todas as artes o poético, enquanto linguagem originária transcendente, enquanto "faculdade vidente". Categorias como

---

27 N. do T.: Rudolf Borchardt (1877-1945) foi um escritor, poeta, tradutor e orador alemão.

28 N. do T.: Benedetto Croce (1866-1952) foi um historiador, escritor, filósofo e político italiano.

A ARTE E AS ARTES

intangibilidade, proteção dos deuses, exceção e consagração seriam próprias da poesia e somente dela. No arco histórico, Borchardt desenha o seu projeto do conflito, cada vez mais aprofundado, entre o elemento poético e o mundo profano. A palavra de ordem é irracionalista:

> *Esquecei vossa estese, esquecei vossa inteligência: o poético não vos é acessível. O elemento artístico pode vos ser acessível. A literatura pode ser. Mas onde hoje o elemento poético aparece entre vós é, como nos dias de Sólon e de Amós, algo integral, em que se encontram a lei, a religião, a música, e finalmente também quase um sortilégio, como a vida viva, um tudo-em-tudo, uma enciclopédia do mundo, totalmente diferente da enciclopédia científica do mundo.*[29]

É impossível reprimir a observação de como uma totalidade enciclopédica desse tipo se combina com o arcano borchardtiano.

"Ela renasce", continua Borchardt,

---

29 Rudolf Borchardt, *Prosa I*, Ed. Maria Luise Borchardt, Stuttgart, 1957, p. 69.

> [...] com cada engenho poético e tem a partir dele o desejo de adquirir novamente forma e se transferir para ela, como nos tempos do passado; como na forma temporal do passado e do futuro, sem presente. Ela é previsão do futuro como antigamente, nela também o futuro é como o eterno dia da criação; não como é anunciado pelos literatos, como revolução política, mas como retorno ao lar de Deus para os seus filhos, como nos antigos dias do poeta que portava o laurel e o bastão.[30]

Borchardt visava não menos do que uma apoteose não metafórica da poesia e "deixar conceder, com pudor e respeito, o que entre vós e convosco, algo de tão miraculoso ainda pode morar e abrigar-se: o divino nas suas próprias formas. Esperai pela revelação e não a auxiliai".[31] Exatamente isso aconteceria, de acordo com Borchardt, nas outras artes, especialmente nas artes plásticas. Ele procura, com uma ingenuidade forçada,

---

30 Ibid., p. 69ss.
31 Ibid., p. 69.

A ARTE E AS ARTES

[...]retornar à situação do homem primitivo, acompanhado de um lado pelo poeta, e, do outro, pelo artista, o escultor e o pintor. Nesse último é possível ver o seu ofício, pôr-se ao seu lado e observar como ele cria, como funde e como lixa o que foi fundido, como desenha, e se irá descobrir o que deve ser isso que ele apresenta: por exemplo, ele modela, e se descobrirá o que modelou ou pré-modelou como esboço. Formam-se as associações, primeiramente, das relações de identidade, e, então, do ver estético, a categoria do correto, do semelhante, do belo. Mas aquilo que me toca é o seguinte: que o pintor e o escultor são, para o homem ingênuo e originário, alguém que domina um ofício... e alguém cujo trabalho, quando se põe ao seu lado e se observa, constitui para o observador ingênuo o objeto de uma admiração surpresa, do aplauso feliz, mas não constitui um enigma. Logo, vê-se como ele produz. No caso do poeta, porém, não vê. Ninguém ainda o viu. Falta, nas artes sensíveis, para o grego e para o homem primitivo, tudo aquilo que vos mencionei aqui: mistério, problema. E, também, caso se tratasse de habilidades de uma qualidade muito alta ou cada vez mais alta, o que lhes faltaria seria a embriaguez,

> *aquela consciência de algo transcendente. A musa do artista plástico não se chama musa, chama-se* technê. *O que falta é a* daimonia, *o incalculável.*[32]

O *pathos* contra o mundo desencantado e reificado é um pouco *démodé*. A retórica não resiste à insistência dos fenômenos. Que os gêneros artísticos historicamente oriundos do artesanato prescindiram do poder supremo, da capacidade de expressar o exterior, só pode afirmar quem gostaria de consagrar o que se originou do artesanato, de uma vez por todas, como artesanato, e quem é cego diante do invisível no visível. O tornar algo visível não coincide com o teor de verdade estético, enquanto o poeta também deixa ver algo sobre os ombros quando escreve. O caráter de enigma, que Borchardt reserva apenas à poesia, é o de toda arte que diz e não diz o que ela diz. Provavelmente estava presente já na origem da arte plástica, na faculdade mimética, exatamente aquele momento contraposto à racionalidade instrumental, que fala a partir da escultura arcaica. Muito certamente a arte plástica o adquiriu depois, exatamente com o

---

[32] Ibid., p. 46s.

progresso da técnica. A antítese borchardtiana entre ela enquanto *technê* e enquanto poesia não procede, porque também o *medium* da arte plástica é – algo de que Borchardt gostaria de se distanciar – linguagem; nem se fale que a música não cabe de modo algum no seu esquema dicotômico. Por outro lado, os traços artísticos no seu sentido mais próprio são também os da poesia e fazem parte decisiva do seu sucesso. É inconcebível que um virtuose da linguagem como Borchardt, cuja defesa da poesia deve ter sido algo *pro domo*, tenha desconsiderado isso, e como um compositor de operetas entusiasmado por Mozart tenha apostado tudo na inspiração. Ele traduziu Píndaro, Dante e – com grande mestria – Swinburne[33] para o alemão. Ele gostaria de atribuir ao poeta lírico de corais dóricos o artesanato que ele chama, com impostação arcaizante, de filisteu? A obra do florentino, para ele, é nada além de inebriante ou é plena de elementos reais e de alegorias? Ele não ouve os componentes técnicos, separados do seu material e, primeiramente com isso, magistrais, nos musicais versos de Swinburne? O colosso da poesia, que

---

33 N. do T.: Algernon Charles Swinburne (1837-1909) foi um poeta e crítico britânico.

a força sugestiva de Borchardt cria por um passe de mágica, repousa sobre os proverbiais pés de barro. Ele é uma fraude. A riqueza em associações e antíteses engana de modo sofístico sobre o fato de que o objeto que Borchardt considera mais sério, sobre o qual ele teria algo a dizer, quando ele, de algum modo, é levado a sério, externa desprezo pela tentativa de fixar os gêneros artísticos de modo conclusivo e ontológico.

A posição contrária à de Borchardt, a de Martin Heidegger, certamente não é menos ontológica, mesmo que, por isso, mais refletida. De fato, os comentários sobre as passagens de Hölderlin, referidas aos próprios versos de Hölderlin, reconhecem o poeta como instituidor de uma prerrogativa semelhante à de Borchardt; ambos foram, nisso, provavelmente inspirados pela escola de George. Mas Heidegger ambiciona, em consonância com o conceito de Ser que domina seu pensamento, a unidade, com força incomparavelmente maior do que o artista. Sua teoria de que o Ser sempre já estaria no mundo e transcenderia no ente, permite-lhe tão pouco desvalorizar a técnica quanto seu antigo *parti pris* metafísico pelo artesanato, a imagem originária da disponibilidade em *Ser e tempo*.

A ARTE E AS ARTES

Se Borchardt confunde arte com religião, se ele recalca o momento constitutivo da secularização na obra de arte, do mesmo modo, o texto de Heidegger sobre a origem da obra de arte, em *Holzwege*, tem o mérito de designar sobriamente o elemento coisal do objeto, do qual, como Heidegger diz, com razão, ironicamente, também a famosa vivência estética não escapa. Coisidade e unidade — a da *ratio*, que certamente desaparece no conceito heideggeriano de Ser — pertencem-se mutuamente. Mas Heidegger dá, a partir daí, o passo para a proposição, inaceitável para Borchardt, de que toda arte seria essencialmente poesia (*Dichtung*) e que, então, arquitetura, pintura, música deveriam ser remetidas à poesia (*Poesie*).[34] A arbitrariedade dessa proposição lhe escapa, uma vez que ele se refere às artes factuais enquanto algo que, na sua língua, é chamado de ôntico. Para sair dessa dificuldade, recorre à ontologização do elemento artístico enquanto o "projetor iluminador da verdade". Isso seria poetar no sentido mais amplo, sendo a poesia apenas um dos seus modos.

....

34 Cf. Martin Heidegger, *Holzwege*, 2ª ed., Frankfurt am Main: Vittorio Klostermann, 1950, p. 60. [*Caminhos de floresta*. Trad. Irene Borges-Duarte *et al.*, Lisboa: Fundação Calouste Gulbenkian, 1998].

Heidegger ressaltou enfaticamente, ao contrário do artista da linguagem Borchardt, o caráter de linguagem de todas as artes. Por meio daquela ontologização, entretanto, o elemento diferenciador das artes, a relação com os seus materiais, é escamoteado como algo subordinado. Depois de sua subtração, sobra apenas, apesar dos protestos de Heidegger, algo altamente indeterminado. Sua indeterminação comunica-se com a metafísica artística heideggeriana enquanto tautologia. A origem da obra de arte, dito enfaticamente, é a arte. Essa origem deve ser, tal como sempre é em Heidegger, não a gênese temporal, mas o berço da essência das obras de arte. Sua doutrina dessa origem não acrescenta nada ao originado e não o faz porque, do contrário, ele se mancharia exatamente com aquela existência que o sublime conceito de origem gostaria de deixar para trás. Heidegger salva o momento de unidade da arte, o artístico nela, ao preço de que a teoria se cale solenemente sobre o que seria ele. Se ele se torna por meio do desvio de Borchardt, no plano teológico, o elemento propriamente poético, em Heidegger, ele se rarefaz numa essencialidade pura desprovida de conteúdo. Simultaneamente, sob a pressão da multiplicidade

A ARTE E AS ARTES

que deseja o contrário, o momento estético de unidade se reduz àquilo que Heidegger diz uma vez do Ser: ele é finalmente nada mais que ele mesmo. A arte não se deixa destilar nem na sua pura unidade nem na multiplicidade das diferentes artes.

Deve-se, de qualquer modo, abandonar o ponto de vista logicamente ingênuo de que a arte seria o conceito superior das artes, um gênero que contém essas, sob si, como espécies. Esse esquema se desfaz pela heterogeneidade do que ele contém. O conceito superior não simplesmente abstrai o que é acidental, mas o essencial. Bastaria a lembrança de que existe uma diferença essencial, pelo menos historicamente retrospectiva, entre os tipos de arte que possuem ou possuíram caráter de imagem e que ainda se alimentam de forma latente de sua herança, portanto, as imitativas e apresentativas, de um lado, e, de outro, aquelas em que o caráter de imagem se subtraiu previamente e aquelas em que ele foi implantado antes paulatinamente, de modo intermitente e sempre precário, como a música. Além disso, impera uma diferença qualitativa entre a poesia, que necessita dos conceitos e, mesmo nas suas figuras mais radicais, não se vê livre de elementos conceituais, e os tipos não conceituais de arte. Certamente, de modo peculiar, a música, tanto quanto se serviu dos meios dados da tonalidade, continha elementos semelhantes ao conceito, fichas harmônicas e melódicas, os poucos tipos de acordes e os seus derivados. Nunca, entretanto, eles foram unidades de algo subsumido sob eles; eles não "significavam", também no sentido do conceito em sua relação com os seus fenômenos. Eles podiam apenas, de modo semelhante ao conceito enquanto algo idêntico, ser empregados com função de identidade. Diferenças como essa, que têm suas perspectivas abismais, testemunham, de todo modo, que as assim chamadas artes não constituem entre si um *continuum* que permitiria pensar o todo com um conceito unitário não interrompido.

Sem que elas soubessem disso, as artes se enlaçam talvez também para eliminar aquela disparidade do que traz o mesmo nome. A comparação com um fenômeno musical e seu desenvolvimento pode explicar isso. A orquestra não é um todo fechado em si mesmo, não é um *continuum* de todos os timbres possíveis, mas entre eles encontram-se lacunas sensíveis. A eletrônica, com certeza, queria originalmente estabelecer

A ARTE E AS ARTES

a homogeneidade da orquestra, até hoje inexistente, apesar de que ela rapidamente chegou à consciência de sua diferença dos geradores tradicionais de som e sacrificou o modelo da orquestra integral.

Deve-se comparar, sem violência, a relação da arte com as artes com a da orquestra historicamente formada e seus instrumentos: nem a arte é o conceito das artes, nem a orquestra é o espectro dos timbres. Apesar disso, o conceito de arte possui seu elemento verdadeiro – também na orquestra se encerra a ideia de totalidade dos coloridos como *telos* de seu desenvolvimento. Diante das artes, a arte é algo que está se formando, contido em cada uma delas de modo apenas potencial, assim como cada uma deve se esforçar para se libertar da casualidade de seus momentos quase naturais por meio dela. *Uma ideia da arte nas artes desse tipo não é, porém, positiva, nada nelas é simplesmente disponível, mas pensável apenas como negação.* Somente de modo negativo tem-se algo que, em termos de conteúdo, para além do conceito classificatório vazio, une as espécies de arte: todas repelem a realidade empírica, todas tendem para a formação de uma esfera que se contrapõe qualitativamente a essa: historicamente elas secularizaram a esfera mágica e sacral. Todas necessitam de elementos oriundos da realidade empírica, da qual elas se distanciam; e suas realizações, porém, recaem também na empiria.

Isso condiciona a dupla posição da arte relativamente a seus gêneros. De acordo com sua irremovível participação na empiria, a arte existe apenas nas artes, cuja relação descontínua entre si é assinalada pela empiria extra-artística. Enquanto antítese da empiria, ao contrário, a arte é algo unitário. Ela tem sua essência dialética no fato de que executa o seu movimento para a unidade apenas através da multiplicidade. Não fosse assim, o movimento seria abstrato e impotente. Sua relação com a camada empírica é essencial à própria arte. Se ela a deixa para trás, então o que ela toma por seu espírito permanece-lhe exterior como qualquer outra matéria; o espírito se torna conteúdo apenas no seio da camada empírica. A constelação da arte e das artes é inerente à própria arte. Ela mantém em tensão os polos de um momento instituidor de unidade, racional, e outro momento difuso, mimético. Nenhum dos polos deve ser separado; nada dos dois, nem mesmo o seu dualismo, deve ser retirado da arte.

A ARTE E AS ARTES

Certamente, seria muito inofensivo um ponto de vista sobre a passagem das artes para a arte que não incluísse em si um momento do conteúdo, que não é ele próprio estético. A história da nova arte é, em grande medida, segundo uma lógica implacável, a da perda, em curso, do sentido metafísico. É tão certo que os gêneros artísticos não gostariam, de acordo com suas leis próprias de movimento, de permanecer em suas zonas, quanto os impulsos dos artistas, que deixam de concordar com elas sem resistência, quase em todas as tendências, são muito relacionados com a perda de sentido. Eles a tomam como um problema seu, e gostariam, segundo sua própria inervação, de ir além dela. Se a teoria estética encontra a palavra certa para isso, ou, como quase sempre, de mãos cruzadas sobre a cabeça, manca atrás do desenvolvimento, depende não em último lugar de sua intelecção daquilo no espírito artístico que sabota o sentido da arte. De fato, muitos confiam num traço que tanto os alivia do próprio esforço quanto lhes promete um substitutivo para a segurança que foi corroída, Modernidade adentro, pela emancipação da arte com relação aos seus tipos e esquemas.

No mundo anglo-saxônico, é inevitável a analogia com o positivismo lógico que recalca a filosofia: a recusa completa de qualquer sentido, até mesmo da ideia de verdade, propicia aparentemente um sentimento de certeza absoluta, livre de dúvida, mesmo que essa não tenha mais qualquer conteúdo. Mas isso não diz tudo sobre a embriaguez da insaciável sobriedade, para a qual ultimamente a palavra se credenciou absurdamente como fórmula mágica, autoconsciência de sua própria contradição, do espírito como órgão do que não tem sentido. Sua experiência atinge alguns fenômenos da cultura de massa contemporânea, por cujo sentido é infrutífero perguntar, porque eles se rebelam contra o conceito de sentido e contra a afirmação de que a existência seria plena de sentido.

Não raramente, no âmbito estético, extremos são tangenciados, bem em cima e bem em baixo. A arte encenou por milênios o suposto sentido da vida e o incutiu nas pessoas; ainda, as origens da Modernidade, no vestíbulo para o que ocorre no presente, não duvidaram dele. A obra de arte plena de sentido em si mesma, determinada pelo espírito em todos os seus momentos, foi cúmplice da essência afirmativa da cultura — de

A ARTE E AS ARTES

acordo com o termo cunhado por Herbert Marcuse. Tanto quanto a arte de algum modo ainda era figuração, seu nexo confirmou como pleno de sentido o que era figurado através da aparência de sua necessidade, mesmo que isso tenha lhe sido trágico, ou que possa ser denunciado como feio. O abandono do sentido estético hoje coincide, portanto, com o abandono da dimensão figurativa externa e interna das obras de arte. O enlaçamento das artes, inimigo de um ideal de harmonia que pressupõe, por assim dizer, relações ordenadas no seio dos gêneros como pertença de sentido, gostaria de sair do aprisionamento ideológico da arte, que atinge até mesmo sua constituição como arte, como esfera autárquica do espírito. É como se os gêneros artísticos, negando sua figura firmemente delineada, mordiscassem no próprio conceito de arte.

Fenômeno originário do enlaçamento das artes foi o princípio de montagem que teve o seu auge antes da Primeira Guerra, na explosão cubista, e independente dela, em experimentadores como Schwitters[35] depois

....

35 N. do T.: Kurt Schwitters (1887-1948) foi um artista plástico, poeta, pintor e escultor alemão. Ficou conhecido por suas colagens e por ter sido um dos precursores das instalações.

no Dadaísmo e no Surrealismo. Mas a montagem significa também perturbar o sentido das obras de arte por meio de invasão de fragmentos da realidade empírica retirados de sua regularidade e, com isso, perpetrar uma mentira. O enlaçamento dos gêneros artísticos acompanha quase sempre o manejo das figuras na direção da realidade extraestética. Exatamente ele é estritamente contraposto ao princípio de sua figuração. Quanto mais um gênero se abandona àquilo que não contém em si o seu *continuum* imanente, mais ele participa do que lhe é estranho, coisal, ao invés de imitá-lo. O gênero torna-se virtualmente uma coisa entre coisas, a qual não sabemos o que é.

Esse não-saber confere uma expressão inevitável à arte. Mesmo sua perda de sentido, que ela adota como se quisesse se destruir a si mesma, ou, através de um antídoto, se manter viva, pode, mesmo contra sua intenção, não dar sua palavra final. O não-saber da obra de arte enfaticamente absurda, como a de Samuel Beckett,[36] marca um ponto de indiferença

---

36 N. do T.: Samuel Beckett (1906-1989) foi um escritor e dramaturgo irlandês, autor de *Esperando Godot*.

entre o sentido e sua negação. De qualquer modo, cometeria sacrilégio contra essa indiferença quem, aliviado, lesse a partir dela um sentido positivo. Do mesmo modo, nenhuma obra de arte é pensável se, integrando em si o elemento heterogêneo e voltando-se contra o próprio nexo de sentido, não forme, porém, um sentido. Sentidos metafísico e estético não são imediatamente uma só coisa, mesmo hoje. Os elementos reais estranhos ao sentido, que no processo de enlaçamento recaem nos campos das obras de arte, são potencialmente salvos por elas também como plenos de sentido, tal como elas batem de frente com o sentido tradicional das obras de arte. Negação consequente do sentido estético seria possível apenas por meio da eliminação da arte. As obras de arte significativas mais recentes são o pesadelo dessa eliminação, enquanto elas, ao mesmo tempo, por meio de sua existência, resistem a serem eliminadas, como se o fim da arte ameaçasse o de uma humanidade cujo sofrimento exige a arte, uma que não o aplaine nem o diminua. Ela sonha para que a humanidade, diante de sua decadência, acorde, continue senhora de si, sobreviva.

A negatividade do conceito de arte a atinge em termos de conteúdo. Sua própria compleição, não a impotência dos pensamentos sobre ela, proíbe defini-la; seu princípio mais interno, o utópico, revolta-se contra o elemento de dominação da natureza presente na definição. Ela não pode permanecer o que um dia foi. Tanto quanto com isso também sua relação com o seu gênero é dinamizada, pode-se depreender do seu mais tardio gênero, o cinema. Não ajuda a questão sobre se o cinema é ou não arte. De um lado, como Benjamin[37] foi o primeiro a reconhecer no seu trabalho sobre *A obra de arte na era de sua reprodutibilidade técnica*, o cinema chega mais perto de si próprio onde ele elimina irrevogavelmente o atributo da aura que ocorria em toda arte anterior a ele, a aparência de uma transcendência incorporada por meio do nexo. Dito de outro modo, onde ele, de um modo dificilmente concebível para a pintura realista e para a literatura, abre mão de elementos simbólicos e doadores de sentido. Siegfried Kracauer[38]

---

[37] N. do T.: Walter Benjamin (1892-1949) foi um filósofo alemão, colaborador de Adorno e membro do Instituto para a Pesquisa Social.

[38] N. do T.: Siegfried Kracauer (1889-1966) foi um escritor, jornalista, sociólogo e teórico do cinema. Foi amigo pessoal de Adorno desde a juventude.

tirou disso a conclusão de que o cinema seria, enquanto uma espécie de salvação do mundo extraestético das coisas, esteticamente possível apenas por meio da recusa do princípio de estilização, por meio do mergulho não intencional da câmera no estado bruto do ente, pré-configurado em toda subjetividade.

Mas essa recusa já é, por sua parte, enquanto *a priori* da criação de filmes, um princípio de estilização estético. Mesmo numa forte ascese contra a aura e a intenção subjetiva, o procedimento fílmico introduz, apenas de acordo com sua técnica, pelo *script*, pela criação da fotografia, pela regulagem da câmera e do corte, inevitavelmente momentos doadores de sentido, de modo semelhante, aliás, aos procedimentos na música ou na pintura que querem deixar o material se apresentar cru e, exatamente nesse esforço, o pré-formam. Enquanto o cinema, em função da legalidade imanente, gostaria de se ver livre de seu elemento artístico – quase como se ele contradissesse seu princípio artístico –, ele é, ainda nessa rebelião, arte, e a amplia.

Essa contradição, que o cinema sob sua dependência do lucro certamente não pode suportar em termos puros, é o elemento vital de toda arte moderna propriamente dita. Os fenômenos de enlaçamento dos gêneros deveriam secretamente ser inspirados por ele. Nessa medida, de qualquer modo, os *happenings* são exemplares — mesmo que a ostensiva falta de sentido não expresse sem mais a falta de sentido da existência e a conforme. Desenfreados, eles transferem para si a responsabilidade da nostalgia de que a arte, contra seu princípio de estilização e seu parentesco com o caráter de imagem, torne-se uma realidade *sui generis*. Exatamente por isso, eles polemizam do modo mais grosseiro, chocante, contra a realidade empírica, à qual eles gostariam de se igualar. Na sua estranheza cômica dos fins da vida real, em cujo seio são concretizados, eles são de antemão sua paródia, e também dos meios de massa, que, de modo evidente, eles também realizam.

O enlaçamento das artes é uma falsa decadência da arte. Seu inextrincável caráter de aparência torna-se um escândalo diante de um poderio superior da realidade econômica e política, o qual transforma a aparência estética, mesmo como ideia, em escárnio, porque não admite mais qualquer vislumbre de realização do conteúdo estético. Essa aparência é ainda menos compatível com o princípio do domínio racional do material, com o qual ela se ligou ao longo de toda a história da arte. Enquanto a situação não permite mais a arte — a isso se dirigiu a sentença sobre a impossibilidade de poemas após Auschwitz[39] — aquela precisa desta. Pois a realidade sem imagens tornou-se a contraparte acabada da realidade desprovida de imagens, no qual a arte desapareceria, porque a utopia, que em toda obra de arte se encontra cifrada, teria se realizado. Dessa decadência, a arte, por si só, não é capaz. Por isso as artes se nutrem umas das outras.

---

39 N. do T.: O autor faz referência à frase "Depois de Auschwitz, escrever um poema é algo bárbaro". Cf. Theodor W. Adorno, *Prismas. Crítica Cultural e Sociedade*, São Paulo: Ática, 1998, p. 26.

PRIMEIRA INTRODUÇÃO À *TEORIA ESTÉTICA*

O ENVELHECIDO NA ESTÉTICA TRADICIONAL

O conceito de estética filosófica expressa algo antiquado, da mesma maneira que ocorre com os conceitos do sistema ou da moral. O sentimento não se limita de modo algum à práxis artística e à indiferença pública com relação à teoria estética. Mesmo no meio acadêmico, as publicações específicas diminuem a olhos vistos. Um léxico filosófico recente faz menção a isso:

> *Dificilmente outra disciplina filosófica se baseia em pressupostos tão incertos como a estética. Como um cata-vento, ela oscila ao sabor de toda lufada de vento filosófica, cultural e epistemológica, sendo propulsionada ora metafísica, ora empiricamente; ora normativa, ora descritivamente; ora a partir dos artistas, ora dos fruidores; hoje, ela enxerga o centro do que é estético na arte, para a qual o belo natural deve ser interpretado apenas como fase preliminar, e, amanhã, encontra no belo artístico apenas um belo natural de segunda mão. O dilema da estética,*

descrito dessa maneira por Moritz Geiger, caracteriza a situação desde meados do século XIX. A razão para esse pluralismo das teorias estéticas, que muitas vezes nem chega a se desenvolver completamente, é dupla: ela se baseia, por um lado, na dificuldade inicial, mesmo na impossibilidade, de englobar a arte em geral por meio de um sistema de categorias filosóficas. Por outro lado, baseia-se na tradicional dependência das afirmações estéticas de posições gnosiológicas que são pressupostas. A problemática da teoria do conhecimento logo retorna na estética, pois o modo como esta pode interpretar os seus objetos depende, em princípio, da concepção de objeto presente naquela. Essa dependência tradicional é, no entanto, predeterminada pela coisa mesma e já está contida na terminologia.[1]

Embora o estado de coisas esteja adequadamente descrito, ele não é suficientemente esclarecido. Os outros ramos filosóficos não são menos controversos, inclusive a teoria do conhecimento e a lógica, contudo, sem que o interesse por elas fique paralisado de modo

---

[1] Ivo Frenzel, "Ästhetik", in *Philosophie*, vol. 11, Frankfurt am Main: Fischer, 1958, p. 35.

semelhante. A situação particular da disciplina é desanimadora. Croce introduziu na teoria estética um nominalismo radical. Quase ao mesmo tempo, concepções significativas foram separadas das chamadas questões de princípio e afundaram em problemas específicos de forma e matéria. Que sejam mencionadas a *Teoria do romance*, de Lukács,[2] a crítica das *Afinidades eletivas*, de Benjamin, consolidada num tratado enfático, e sua *Origem do drama barroco alemão*. Se essa última obra defende discretamente o nominalismo de Croce,[3] ela presta contas, com isso, a um estado de espírito que já não tem esperança na explicação sobre as tradicionais grandes questões da estética, especialmente as concernentes ao teor metafísico, a partir de fundamentos universais, mas apenas a partir de domínios que valem como meros exemplos.

A estética filosófica caiu na alternativa fatal entre universalidade burra e trivial e juízos arbitrários, quase sempre advindos de representações convencionais.

---

2 N. do T.: Georg Lukács (1885-1971) foi um filósofo e ensaísta húngaro.

3 Cf. Walter Benjamin, *Ursprung des deutschen Trauerspiels*, Org. R. Tiedemann, Frankfurt am Main, 1969, p. 26ss. [*Origem do drama barroco alemão*, São Paulo: Brasiliense, 1984.]

Theodor W. Adorno

O programa hegeliano de não pensar de cima para baixo, mas de se abandonar aos fenômenos, tornou-se vislumbrável na estética apenas por meio de um nominalismo, diante do qual sua própria estética, medida por seus componentes classicistas, preservou mais invariantes abstratos do que era conciliável com o método dialético. Aquela consequência, no entanto, pôs em questão a possibilidade da teoria estética enquanto uma teoria tradicional. Pois a ideia de algo concreto, que adere a qualquer obra de arte, ou mesmo a qualquer experiência de algo belo em geral, não admite no tratamento da arte tomar distância dos fenômenos determinados, da mesma maneira que parece, ao consenso filosófico, ser possível, falsamente aliás, no âmbito da gnosiologia ou da ética. A uma doutrina da concretude estética, em geral, necessariamente escaparia aquilo pelo que o objeto a obrigasse a se interessar. O caráter obsoleto da estética tem o fundamento de que ela quase nunca se voltou para o concreto. Por meio da própria forma, ela parece comprometida com uma universalidade que a leva à inadequação com as obras de arte e, de maneira complementar, a valores eternos transitórios.

PRIMEIRA INTRODUÇÃO À *TEORIA ESTÉTICA*

A desconfiança acadêmica contra a estética se funda no seu academicismo imanente. O motivo para o desinteresse nas questões estéticas é, sobretudo, o medo científico institucionalizado diante do que é inseguro e polêmico, não aquele diante do provincianismo, do risco de ficar para trás nos questionamentos, com relação aos assuntos de que eles tratam. A atitude panorâmica e contemplativa atribuída à estética pela ciência tornou-se entrementes irreconciliável com a arte avançada, que ultimamente, como Kafka, quase já não tolera mais uma atitude contemplativa.[4] Por isso, a estética hoje diverge, de antemão, daquilo de que ela trata, suspeita do espectador fruidor – quando possível, degustador. Involuntariamente, pressupõe-se como medida da estética contemplativa exatamente aquele gosto com o qual o observador, de maneira distanciada e eletiva, se confronta com as obras.

Por sua vez, o observador também deveria, em função de suas amarras subjetivistas, refletir teoricamente, como deixou de fazer não apenas diante da

....
4 Cf. Theodor W. Adorno, *Prismen. Kulturkritik und Gesellschaft*, vol. 3, Frankfurt am Main: Suhrkamp, 1969, p. 304. [*Prismas. Crítica cultural e sociedade*, p. 241.]

mais recente Modernidade, mas já tinha feito muito antes, diante do que a cada vez era avançado. A exigência hegeliana de pôr no lugar do juízo estético de gosto a coisa mesma[5] antecipou isso; no entanto, nem assim ela se livrou da atitude do observador distanciado, implicada no gosto. Isso foi possibilitado pelo sistema que ainda animava o seu conhecimento frutiferamente nas situações em que tal conhecimento mantinha a maior distância possível de seus objetos. Hegel e Kant foram os últimos que, dito de modo grosseiro, puderam escrever grandes estéticas sem entender alguma coisa de arte. Isso foi possível enquanto a arte, por sua vez, era orientada por normas abrangentes, as quais não eram postas em questão em obras particulares, apenas se se tornavam mais fluidas na problemática imanente de tais obras. É provável que não tenha havido qualquer obra significativa que não tivesse conciliado aquelas normas por meio de sua própria forma, portanto também as não tivesse modificado virtualmente. Elas não foram simplesmente liquidadas, algo delas

---

5 Cf. Hegel, *Vorlesungen über Ästhetik*, *Werke*, vol. 10, 1a parte, Berlim, 1842/1843, p. 43 e passim. [*Cursos de estética*, 1ª parte, Trad. Marco Aurélio Werle, São Paulo: Edusp, 1999, p. 74ss e passim].

transbordou nas obras particulares. Sendo assim, as grandes estéticas filosóficas estavam em concordância com a arte, no modo como trouxeram ao conceito o que ela tem de evidentemente universal; de acordo com um estágio do espírito no qual a filosofia e outras de suas figuras, como a arte, ainda não tinham se desmanchado. O fato de o mesmo espírito predominar na filosofia e na arte permitiu à filosofia agir substancialmente sobre a arte, sem se comprometer com as obras. Decerto, elas fracassaram regularmente na necessária tentativa, motivada por meio da não identidade da arte com suas determinações gerais, de pensar suas especificações: disso resultaram, nas obras dos idealistas especulativos, os juízos equivocados mais constrangedores. Kant, que se prontificou a comprovar o *a posteriori* como sendo *a priori*, foi, exatamente por isso, menos equivocado. Artisticamente aprisionado num século XVIII[6]

6 Excetuando-se a doutrina do agrado, que advém do subjetivismo formal da estética kantiana, sua limitação histórica é mais visível na sua doutrina de que o sublime adviria apenas da natureza, não da arte. A de sua época, a qual ele assinalou filosoficamente, torna-se característica pelo fato de ela, sem se voltar a ele e provavelmente sem conhecimento mais preciso de seu interdito, se apoiar no ideal do sublime; Beethoven, antes de todos, o qual, aliás, Hegel não menciona. Aquela limitação histórica era também diante do passado, no espírito de uma época que desprezava o barroco como passado recente e o que

que não hesitou em chamar de pré-crítico, portanto anterior à emancipação completa do sujeito, Kant não se comprometeu por meio de afirmações estranhas à arte, como fez Hegel. Mesmo a possibilidades posteriores, radicalmente modernas, concedeu mais espaço do que Hegel,[7] que tanto foi apresentado como mais

a ele tendia no Renascimento. É um profundo paradoxo que Kant em nenhuma parte se aproxime tanto do jovem Goethe e da arte revolucionária burguesa quanto em sua descrição do sublime. Como ele, os jovens poetas, contemporâneos de sua idade, sentiam a natureza e, no que se lhe encontravam a palavra, reivindicavam o sentimento do sublime antes como essência artística do que moral. "Rochedos audazes sobressaindo-se por assim dizer ameaçadores, nuvens carregadas acumulando-se no céu, avançando com relâmpagos e estampidos, vulcões em sua inteira força destruidora, furacões com a devastação deixada para trás, o ilimitado oceano revolto, uma alta queda-d'água de um rio poderoso etc. tornam a nossa capacidade de resistência de uma pequenez insignificante em comparação com o seu poder. Mas o seu espetáculo só se torna tanto mais atraente quanto mais terrível ele é, contanto que, somente nos encontremos em segurança, e de bom grado denominamos estes objetos sublimes, porque eles elevam a fortaleza da alma acima de seu nível médio e permitem descobrir em nós uma faculdade de resistência de espécie totalmente diversa, a qual nos encoraja a medir-nos com a aparente onipotência da natureza" (Kant, *Kritik der Urteilskraft, Sämtliche Werke*, vol. 6, Org. Gross, Leipzig, 1924, p. 124 [*Kritik der Urteilskraft*, § 28] [*Crítica da faculdade do juízo*, Trad. Valério Rohden e Antonio Marques, Rio de Janeiro: Forense Universitária, 2000, p. 107]).

7 "O sublime, contrariamente, pode também ser encontrado em um objeto sem forma, na medida que seja representado ou que o objeto enseje representar nele uma *ilimitação*, pensada, além disso, em sua totalidade." Ibid., p. 104 [*Kritik der Urteilskraft*, § 23] [*Crítica da faculdade do juízo*, op. cit., p. 91]).

encorajador para a arte. Depois deles dois vieram os sutis, no meio-termo ruim entre a coisa mesma postulada por Hegel e o conceito. Eles juntaram uma relação culinária com a arte e a incapacidade para sua construção. Georg Simmel,[8] apesar de sua conversão decidida ao singular particular estético, era um representante típico dessa sutileza. O clima do conhecimento da arte é ou a ascese inequívoca do conceito, que, intransigente, não se deixa impressionar pelos fatos, ou a consciência inconsciente em meio às coisas. A arte nunca é compreendida pelo espectador cheio de compreensão, bem-intencionadamente empático; o que há de facultativo nessa atitude é, de antemão, indiferente diante do que há de essencial nas obras, sua obrigatoriedade. A estética só foi produtiva enquanto atentou inteiramente para a distância em relação à empiria e penetrou com o pensamento sem janelas no conteúdo do seu outro; ou onde ela, corporalmente próxima, julga a partir do aspecto interno da produção, como nos testemunhos dispersos dos artistas individuais, que têm peso não como expressão da personalidade, algo que

....

8 N. do T.: Georg Simmel (1858-1918) foi um sociólogo alemão conhecido por seus estudos sobre arte.

não determina a obra de arte, mas porque eles frequentemente, sem recorrer ao sujeito, notam algo da experiência íntima da coisa. Esses testemunhos são prejudicados muitas vezes por sua ingenuidade, comandada pela convenção social da arte. Ou os artistas se obstinam contra a estética com um rancor artesanal, ou os antidiletantes inventam teorias auxiliares diletantes. Se suas manifestações forem trazidas à estética, então elas requerem interpretação. Doutrinas artesanais, que se colocam polemicamente no lugar da estética, desembocam no positivismo, mesmo quando elas simpatizam com a metafísica. Conselhos sobre como se compõe um rondó com mais precisão, são inúteis até mesmo por motivos dos quais a doutrina artesanal nada sabe e pelos quais não se pode mais escrever um rondó. Suas regras triviais carecem de desdobramento filosófico, posto que devam ser mais do que o suprassumo do habitual. Se elas vêm abaixo diante daquela transição, então buscam socorro regularmente em uma concepção de mundo opaca. A dificuldade de uma estética que seja mais do que um ramo compulsivamente revivido seria, depois do fim dos sistemas idealistas, unir a proximidade dos que produzem aos fenômenos com a força conceitualmente não comandada por qualquer conceito superior fixo, qualquer "sentença"; referida ao *medium* conceitual, essa estética ultrapassaria a mera fenomenologia das obras de arte. Diante disso permanece vã a tentativa de ultrapassar, sob a coerção da situação nominalística, aquilo que se chegou a chamar de estética empírica. Se se quisesse, por exemplo, segundo a ditadura dessa cientifização, ascender das descrições empíricas — classificando e abstraindo — a normas estéticas universais, obter-se-ia de volta algo ralo, que não resistiria a uma comparação com as categorias penetrantes e objetuais (*sachhaltig*) dos sistemas especulativos. Aplicados à práxis artística atual, esses destilados importam mais ou menos na mesma medida que os exemplos artísticos de ontem e de hoje. Todas as questões estéticas desembocam naquelas sobre o teor de verdade das obras de arte: é verdadeiro aquilo que uma obra em sua forma específica porta em si objetivamente no espírito? Exatamente isso é no empirismo, enquanto superstição, anátema. Para ele, as obras de artes são feixes de estímulos sem qualidades. O que elas seriam em si mesmas escapa ao juízo, seria apenas projetivo. Apenas reações subjetivas às obras poderiam ser observadas, medidas e generalizadas. Com isso, escaparia da consideração aquilo que realmente constitui o objeto da estética. Ela é substituída por uma esfera profundamente pré-estética; do ponto de vista da sociedade, ela se mostra como a esfera da indústria cultural. A contribuição de Hegel não é criticada por meio de uma pretensa cientificidade superior, mas esquecida em benefício de uma adaptação vulgar. O empirismo toma distância da arte, que ele, aliás, excetuando o único e verdadeiramente livre John Dewey,[9] não levou muito em consideração. Ele faz isso porque intitulou como poesia todo conhecimento que não correspondia às suas regras de jogo e pôde, assim, declarar que a arte abandona constitutivamente aquelas regras de jogo – ente que não entra no ente, na empiria. Essencial à arte é aquilo que não é o caso nela,[10] algo incomensurável em relação à medida empírica de todas as coisas. Pensar esse *não ser o caso* na arte é a obrigação da estética.

---

9 N. do T.: John Dewey (1859-1952) foi um filósofo estadunidense, autor de importantes livros sobre educação e arte.

10 Cf. Donald Brinkamann, *Natur und Kunst. Zur Phänomenologie des Ästhetischen Gegenstandes*, Zurique e Leipzig, 1938, passim.

PRIMEIRA INTRODUÇÃO À *TEORIA ESTÉTICA*

MUDANÇA DE FUNÇÃO DA INGENUIDADE

Às dificuldades objetivas, associa-se, sob o aspecto subjetivo, a mais abrangente resistência. Para inúmeros, a estética consta como supérflua. Ela perturba o divertimento dominical que a arte – o complemento do cotidiano burguês no seu lazer – se tornou para eles. Mesmo com toda estranheza em relação à arte, aquela resistência ajuda a dar expressão a algo aparentado com a arte. Pois ela percebe o interesse dos oprimidos e da natureza dominada na sociedade progressivamente racionalizada e sociabilizada. Mas, o negócio faz mesmo dessa resistência uma instituição e a comercializa. Ele delimita a arte como área de proteção natural da irracionalidade, fora da qual o pensamento deveria se manter. Nisso ele se associa com a visão, submersa a partir da teoria estética e reduzida à obviedade, de que a arte deveria ser simplesmente intuitiva, enquanto ela, na verdade, participa amplamente do conceito. De modo primitivo, confunde-se o sempre problemático primado da intuição na arte com a recomendação de que não se deveria pensar sobre ela, porque isso os artistas bem estabelecidos também não deveriam ter feito. O que é derivado dessa convicção é um conceito poroso de ingenuidade. No domínio do puro sentimento — o nome aparece no título da estética de um dos mais famosos neokantianos —[11] tudo que se assemelha à logicidade é tabu, apesar dos momentos de rigor na obra de arte, cuja relação com a lógica extraestética e com a própria causalidade só seria determinável pela estética filosófica.[12] O sentimento torna-se, por meio disso, o seu oposto: algo coisificado. A arte é de fato o mundo de novo, tão igual quanto desigual a ele. A ingenuidade estética, na era da indústria cultural dirigente, tem sua função modificada. O que um dia foi propagado sobre as obras de arte no pedestal de sua classicidade como sendo o seu suporte, a preciosa platitude, tornou-se um bem valioso como meio de captura de clientela. Os consumidores, nos quais se constata e se incute ingenuidade, devem ser levados a pensar coisas imbecis sobre

....

11 N. do T.: Adorno se refere aqui à obra *Ästhetik des Reinen Gefühls* [*Estética do puro sentimento*], de Hermann Cohen.

12 Cf. Arthur Schopenhauer, *Die Welt als Wille und Vorstellung II*, Sämtliche Werke, vol. 2, Org. W. von Löhneysen, Darmstadt, 1961, p. 521ss. [Arthur Schopenhauer, *O mundo como vontade e representação*, Trad., apres., notas e índices de Jair Barboza, São Paulo: Editora UNESP, 2005, p. 179ss.]

aquilo que devem engolir e sobre o que é embalado e empilhado para eles. A platitude de sempre é traduzida na platitude do consumidor de cultura, que, agradecido e com consciência metafisicamente tranquila, compra da indústria o dejeto de qualquer modo inevitável. Tão logo a ingenuidade é referida como ponto de vista, ela já não existe.

Uma relação genuína entre a arte e a experiência da sua consciência consistiria na formação que não só ensina a resistência contra a arte como um bem de consumo, como também deixa que se torne substancial o recipiente, o que seria uma obra de arte. De uma formação desse tipo, a arte está hoje, já entre os que a produzem, amplamente apartada. Em compensação, ela tem que penar com a permanente tentação para o subartístico até o modo de procedimento mais requintado. A ingenuidade dos artistas se rebaixou à ingênua submissão diante da indústria cultural. Aquela nunca foi imediatamente a essência natural do artista, mas a obviedade com a qual ele procedeu na condição social em que foi inserido, um pouco de conformismo. Sua medida foram as formas sociais aceitas pelo sujeito artístico de certo modo ininterruptamente.

À ingenuidade estão misturadas sua justeza e sua injustiça, de modo que, tanto quanto o sujeito concorde com – ou resista a – aquelas formas, algo ainda possa reivindicar obviedade. Desde que a superfície da existência, aquela imediatidade que essa volta às pessoas, tornou-se ideologia, a ingenuidade se transformou no seu próprio contrário, no reflexo da consciência coisificada sobre o mundo coisificado.

A produção artística que não se deixa enganar no impulso contra o enrijecimento da vida, a verdadeiramente ingênua, portanto, torna-se aquilo que nas regras de jogo do mundo convencional significa não ingênuo. Ela certamente conserva em si um tanto de ingenuidade, à medida que sobrevive no comportamento da arte algo não subserviente ao princípio de realidade, algo da criança, algo infantil segundo as normas do mundo. Isso é o oposto da ingenuidade estabelecida. Hegel, e mais agudamente, Jochmann,[13] sabiam disso. Mas eles estavam tão presos ao classicismo que, por isso, profetizaram o fim da arte. Os momentos ingênuos e reflexivos dela estiveram, na verdade, sempre muito mais

---

13 N. do T.: Carl Gustav Jochmann (1789-1830) foi um publicista alemão, conhecido por seus *Estudos sobre o protestantismo* e *Sobre a linguagem*.

internamente ligados um ao outro, quando a nostalgia sob o emergente capitalismo industrial quis tomar a palavra. A história da arte desde Hegel ensinou sobre o erro de sua escatologia estética precoce. O seu engano foi que ela arrastou junto consigo o ideal convencional de ingenuidade. Mesmo Mozart, que desempenhou no lar burguês o papel do abençoado e dançante filho de Deus, era – como, sob vários aspectos, testemunha sua correspondência com o seu pai – incomparavelmente mais reflexivo do que aparenta por sua imagem convencional: certamente reflexivo no seu material, não abstratamente flutuante sobre ele.

O quanto a obra de um dos deuses domésticos da pura intuição, Rafael, contém de reflexão enquanto uma condição objetiva é algo que se evidencia nas relações geométricas da composição da imagem. Arte irrefletida é a fantasia retrógrada da era refletida. Ponderações teóricas e resultados científicos amalgamaram-se na arte desde sempre, sob muitos aspectos a precederam, e os artistas mais significativos não foram aqueles que retrocederam diante disso. Basta lembrar a descoberta da perspectiva aérea por Piero de la Francesca, ou das especulações estéticas da Camerata

Florentina,[14] das quais adveio a ópera. Essa arte oferece o paradigma de uma forma que posteriormente, como favorita do público, foi revestida com a aura da ingenuidade, mas que surgiu na teoria, foi literalmente uma invenção.[15] Analogamente, apenas a modulação pelo círculo de quintas permitiu a introdução da afinação temperada no século XVII, e foi com isso que, grato, Bach jogou no título de sua grande obra para piano. Ainda no século XIX, o modo de pintar impressionista se baseou numa análise científica, correta ou incorretamente interpretada, de processos ocorridos na retina. É certo que raramente os elementos teóricos e reflexivos na arte permaneceram imutáveis. Algumas vezes ela compreendeu mal as ciências – talvez mais recentemente no caso da eletrônica – às quais se reportava. Ao impulso produtivo a partir da racionalidade, isso não causou muito prejuízo.

Provavelmente, os teoremas fisiológicos dos impressionistas encobriam as experiências, em parte

---

14 A Camerata Florentina, formada por um grupo de aristocratas, no século XVI, em Florença, está na origem da história da ópera.

15 Cf. Hanns Gutman, "Literaten haben die Oper erfunden", in *Anbruch* 11, 1929, p. 256ss.

fascinantes, em parte socialmente críticas, das grandes cidades e da dinâmica de suas imagens. Com a descoberta de uma dinâmica imanente ao mundo coisificado, eles queriam resistir à coisificação que era mais perceptível nas grandes cidades. No século XIX, as explicações da ciência natural funcionavam como agentes da arte não conscientes de si mesmos. A afinidade repousava no fato de que a *ratio*, diante da qual a arte mais progressista daquela época reagia, não era outra senão aquela que atuava nas ciências naturais. Enquanto na história da arte seus teoremas científicos cuidam de se extinguir, sem eles as práticas artísticas teriam tampouco se constituído, como elas, pelo contrário, se se deixam explicar suficientemente a partir daqueles teoremas. Isso teve consequências para a recepção: nada de adequado pode ser mais irrefletido do que o que é recebido. Quem não sabe o que vê ou ouve não usufrui do privilégio de uma relação imediata com as obras, e sim é incapaz de percebê-las. A consciência não é uma camada de uma hierarquia que se construiria sobre a percepção, mas todos os momentos da experiência estética são recíprocos. Nenhuma obra de arte consiste num amontoado de camadas; ele é apenas o resultado do cálculo da indústria cultural, da consciência coisificada. Pode-se observar na música complexa e bem desenvolvida, por exemplo, que o limiar do que é primariamente percebido e do que é determinado por meio da consciência, da percepção refletida, varia. Com frequência, a compreensão de uma passagem musical fugidia depende de que se conheça intelectivamente o seu valor posicional no todo que não está presente; a suposta experiência imediata, por sua vez, depende de um momento que ultrapassa a pura imediatidade. A percepção ideal de obras de arte seria aquela na qual o que é de tal maneira mediato se torna imediato; a ingenuidade é o destino, não a origem.

ESTÉTICA TRADICIONAL E ARTE ATUAL: IRRECONCILIÁVEIS

Entretanto, o fato de o interesse na estética ter se enfraquecido não está condicionado apenas a ela como disciplina, mas possivelmente ainda mais ao objeto. Ela parece implicar tacitamente a possibilidade da arte em geral; dirige-se de antemão mais ao como do que ao quê. Essa atitude se tornou incerta. A estética não pode mais partir do *factum* da arte como um dia a gnosiologia kantiana partiu do *factum* das ciências naturais matemáticas. A arte que se apega ao seu conceito e se recusa ao consumo passa a ser antiarte. Compartilha do seu mal-estar, em si mesma, a teoria estética, cuja tradição era alheia a esses escrúpulos, depois das catástrofes reais e diante das que estão por vir, em relação às quais a sua sobrevivência se encontra numa disjunção moral. Na sua altitude hegeliana, a estética filosófica prognosticou o fim da arte. A estética pode ter se esquecido disso depois, contudo, a arte se ressente ainda mais profundamente. Mesmo que ela tivesse permanecido o que foi um dia e não pôde continuar a ser, então se tornaria algo totalmente diverso na sociedade emergente em virtude de sua função modificada. A consciência artística desconfia com razão de ponderações que, por meio de sua mera temática e pelo hábito que delas se espera, comportam-se como se ainda houvesse solo firme onde retrospectivamente é questionável, se alguma vez já existiu esse solo, e não somente a ideologia, na qual se movimenta a empresa cultural, juntamente com o seu setor arte.

A pergunta sobre a possibilidade da arte se atualizou de tal modo, que ela escarnece de sua suposta figura mais radical: se e como a arte em geral seria possível. No seu lugar entra a pergunta sobre a sua possibilidade concreta hoje. O mal-estar na arte não é apenas o da consciência social estagnada diante da Modernidade. Por toda parte, ele ultrapassa o essencial artístico, os produtos avançados. A arte, por sua vez, busca refúgio na sua própria negação, quer sobreviver por meio de sua morte. Assim, no teatro, há uma defesa contra a brincadeira, o caleidoscópio, o enfeite; contra a imitação do mundo mesmo nos construtos mais espinhosos. O puro impulso mimético – a felicidade do mundo de novo –, que anima a arte, já há muito tensionado em direção a seu componente esclarecedor, antimitológico, aumentou até se tornar insuportável sob o sistema da racionalidade-fim. Tanto a arte quanto a felicidade despertam a suspeita de infantilidade, assim como o medo disso frequentemente é uma regressão que desconhece a *raison d'être* de toda a racionalidade; pois o movimento do princípio autoconservador, à medida que não se fetichiza, leva, a partir de sua própria força propulsora, ao desejo da felicidade; nada mais forte fala a favor da arte.

PRIMEIRA INTRODUÇÃO À *TEORIA ESTÉTICA*

Participam da timidez artística da arte, no romance mais recente, os impulsos contra a ficção do permanente ter estado aí. Isso define amplamente a história da narrativa desde Proust, sem que, porém, o gênero pudesse ser totalmente abalado, o que se confirma nas listas de *best-sellers* por meio da rubrica "ficção", demonstrando o quanto a aparência estética se tornou um desastre social. A música se esforça ao extremo para se livrar do fator por meio do qual Benjamin, de maneira um tanto generosa, definiu toda a arte anterior à era de sua reprodutibilidade técnica: a aura, a magia, da qual, no entanto, parte toda música – mesmo a antimúsica –, diante de suas qualidades específicas, sempre que ela começa a ser entoada. Em traços desse tipo, a arte labora não com os resquícios corrigíveis do seu passado. Eles parecem crescer juntamente com o seu próprio conceito. Mas quanto mais a arte, para não desvirtuar a aparência em mentira, realizar a reflexão de seus princípios a partir de si mesma e, onde for possível, como num antídoto, dever acolhê-los em sua forma, mais ela se torna cética contra a arrogância de lhe permitir a autodeterminação a partir de fora.

À estética se acrescenta a mácula de que, com seus conceitos, ela corre desamparadamente atrás de uma situação da arte, que, indiferente ao que dela é feito, oscila em meio aos conceitos que dificilmente podem ser pensados fora dela mesma. Nenhuma teoria, nem mesmo a estética, pode abrir mão do elemento de universalidade. Isso a conduz à tentação de tomar o partido de invariantes exatamente do tipo que a arte enfaticamente moderna deve atacar. A mania das ciências do espírito de reduzir o novo ao sempre igual – por exemplo, o surrealismo ao maneirismo –, o sentido falho para o valor posicional histórico dos fenômenos artísticos como índice do que lhes é verdadeiro correspondem à tendência da estética filosófica para aquelas prescrições abstratas, nas quais nada é invariante, enquanto que sempre voltam a ser impostas mentiras ao espírito que se forma. O que se instaura como norma estética eterna transformou-se e é transitório; a pretensão à irrevocabilidade é ultrapassada. Mesmo um mestre-escola aprovado pelo seminário hesitaria em aplicar à prosa como a da *Metamorfose* ou da *Colônia penal* de Kafka, nas quais a segura distância estética ao objeto estremece em choque, critérios consagrados como o do prazer desinteressado; quem experimentou a grandeza da poesia de Kafka deve sentir quão pífio se assenta sobre ela o discurso da arte. Não é diferente o que ocorre, no drama contemporâneo, com os *a priori* de gêneros como o do trágico ou do cômico, mesmo que esse drama possa ter se desenvolvido a partir daqueles gêneros, como os conjuntos habitacionais se desenvolveram a partir das ruínas medievais na parábola de Kafka. Se as peças de Beckett não são vistas nem como trágicas nem como cômicas, então nem por isso elas são menores, formas mistas do tipo da tragicomédia, como seria cômodo para o esteta escolástico. Elas executam, antes, o juízo histórico sobre aquelas categorias enquanto tais, fieis à inervação de que já não se pode rir de textos fundamentais famosos do cômico, ou apenas no estado de crueza novamente atingido. De acordo com a tendência da nova arte de fazer tematicamente suas próprias categorias por meio de autorreflexão, em peças como *Esperando Godot* e *Fim de partida* – principalmente nesta, na cena em que os protagonistas decidem rir –, o destino do cômico é tragicizado, como se as peças fossem cômicas; diante desse riso no palco, o do espectador se cala. Já Wedekind[16] denominou, contra o editor de *Simplicissimus*,[17] sátira da sátira uma peça-chave. É falsa a superioridade da filosofia oficial, para a qual o panorama histórico fornece a satisfação do *nil admirari* e que, no trato doméstico com os seus valores eternos, lucra com a mesmice de todas as coisas, o que é algo rigorosamente diferente de, por causa de seu requentamento antecipado, eliminar o que provoca dor. Essa atitude é irmanada com uma de tipo social-psicológico e institucionalmente reacionária. Apenas no processo de autoconsciência crítica, a estética poderia novamente alcançar a arte, se é que algum dia ela esteve apta a isso.

TEOR DE VERDADE E CARÁTER DE FETICHE DAS OBRAS DE ARTE

Contudo, embora a arte, assustada pelos rastros, desconfie da estética como algo que ficou para trás de si, ela deve recear secretamente que uma estética não

---

[16] N. do T.: Frank Wedekind (1864-1918) foi um dramaturgo alemão, autor de *O despertar da primavera*.

[17] N. do T.: *Simplicissimus* foi um periódico satírico e literário de Munique, ativo entre 1896 e 1944.

mais anacrônica possa repartir os fios de vida da arte, condenados a se romper. Apenas ela poderia julgar se e como a arte sobrevive depois da queda da metafísica, à qual ela deve sua existência e o seu conteúdo. A metafísica da arte se tornou uma instância de sua continuidade. A ausência de um sentido teológico, mesmo que modificado, acentua-se na arte como crise de sua plenitude de sentido. Quanto mais brutalmente as obras tiram consequências do estado de consciência, mais densamente elas próprias se aproximam da ausência de sentido. Com isso, adquirem uma verdade historicamente datada, que, se fosse negada, condenaria a arte a uma aceitação impotente e à concordância com o que existe de mau. Por outro lado, a arte sem sentido começa a ser penalizada no seu direito de existência, pelo menos depois de toda a concepção inquebrantável que chegou até a fase mais recente. Quando se pergunta para que ela existiria, ela não teria outra resposta senão a assim chamada base do absurdo (*Bodensatz des Absurden*) de Goethe,[18] que toda arte conteria. Ela ruma para cima e denuncia a arte. Como ela tem pelo

---

18 Cf. Wolfgang von Goethe, *Fausto*, v. 11837, 11840.

menos um dos seus troncos no fetiche, então regride ao fetichismo por meio de seu progresso intransigente, torna-se um autopropósito cego e se expõe como algo não verdadeiro, como loucura coletiva, tão logo o seu teor de verdade objetivo começa a oscilar. Se a psicanálise tivesse pensado o seu princípio até o fim, deveria, como todo positivismo, exigir a eliminação da arte, que ela de todo modo tende a expulsar por meio de análise (*wegzuanalysieren*) nos seus pacientes. Se a arte for sancionada apenas como sublimação, como meio da economia psíquica, o seu teor de verdade não é reconhecido e ela continua somente como uma enganação piedosa. Mas a verdade de todas as obras de arte não seria, mais uma vez, destituída daquele fetichismo que está pronto a se tornar sua inverdade. A qualidade das obras de arte depende essencialmente do grau de seu fetichismo, da veneração que o processo de produção cobra ao que é de feitura própria, à seriedade de que o divertimento logo se esquece. Apenas por meio do fetichismo, da ofuscação da obra de arte diante da realidade da qual ela é parte, é que a obra transcende o banimento do princípio de realidade como algo espiritual.

PRIMEIRA INTRODUÇÃO À *TEORIA ESTÉTICA*

URGÊNCIA DA ESTÉTICA

Nessas perspectivas, a estética se mostra não apenas ultrapassada como datada. Não é uma necessidade da arte deixar que a estética prescreva normas lá onde ela se encontra atingida, mas sim de formar na estética a força de reflexão que ela por si só dificilmente pode realizar. Palavras como material, forma, figura, que fluem facilmente da pena dos artistas contemporâneos, têm no seu uso corrente algo de impostado; curá-las disso é uma função prático-artística da estética. Antes de tudo, ela é exigida pelo desdobramento das obras. Se elas não são atemporalmente idênticas a si mesmas, mas se tornam aquilo que são porque o seu próprio ser é um devir, então convocam formas do espírito por meio das quais esse devir se realiza, tais como comentário e crítica. Elas permanecem débeis enquanto não atingem o teor de verdade das obras. A isso se capacitam somente à medida que se afinam à estética. O teor de verdade de uma obra carece da filosofia. Só nele a filosofia tem convergência com a arte ou se acende nela. A via nessa direção é a da imanência refletida das obras, não a aplicação mecânica de filosofemas.

O teor de verdade das obras deve ser estritamente distinguido, seja pelo autor seja pelo teórico, daquela filosofia nelas introduzida como que por bombeamento; pode-se suspeitar que os dois casos, há quase duzentos anos, tornaram-se irreconciliáveis.[19] Por outro lado, a estética recusa terminantemente a pretensão da filologia, em que pesem os méritos desta, de que ela asseguraria o teor de verdade das obras de arte. Na era da irreconciliabilidade da estética tradicional e da arte atual, a teoria filosófica da arte não tem outra escolha senão – variando uma expressão de Nietzsche – pensar por meio de uma negação determinada as categorias decadentes como ascendentes. Apenas a dissolução concreta e motivada das categorias estéticas correntes resta como forma da estética atual; ela libera também a verdade modificada daquelas categorias. Se os artistas são forçados a uma permanente reflexão, então esta deve ser arrancada de sua casualidade, de modo que não se degrade em hipóteses auxiliares arbitrárias e amadorísticas, em racionalizações do artesanato ou em

---

19 Cf. Theodor W. Adorno, *Noten zur Literatur III*, 2ª ed., Frankfurt am Main, 1966, p. 161. [Theodor W. Adorno, *Notas de literatura I*, Trad. e apres. Jorge de Almeida, São Paulo, Livraria Duas Cidades/ Editora 34, 2003, p. 65ss.]

PRIMEIRA INTRODUÇÃO À *TEORIA ESTÉTICA*

facultativas declarações de visões de mundo sobre o que era intencionado, sem justificativa no que foi realizado. Ninguém deveria se abandonar mais ingenuamente ao *parti pris* tecnológico da arte contemporânea; do contrário, ela subscreve totalmente a substituição do fim – do construto – pelos meios, pelos procedimentos com os quais ela é produzida. A tendência para isso se harmoniza muito profundamente com a tendência social geral, porque os fins, o estabelecimento racional da humanidade, são desvirtuados no sentido de idolatrar os meios – produção em benefício da própria produção, pleno emprego e tudo que está no seu bojo.

Enquanto, na filosofia, a estética saiu de moda, os artistas mais progressistas sentem sua necessidade ainda mais fortemente. Mesmo Boulez[20] certamente não tem em vista uma estética normativa no estilo convencional, mas uma teoria da arte determinada em termos da história da filosofia. Seria o caso de traduzir o que ele quer dizer com *"orientation esthétique"* por autoconsciência crítica do artista. Se a hora da arte ingênua, segundo a visão de Hegel, já passou, então

---

20 N. do T.: Pierre Boulez (1925-2016) foi um compositor, maestro, pedagogo musical e ensaísta francês.

ela deve incorporar em si a reflexão e levá-la adiante de tal modo que não fique mais suspensa no ar como algo exterior, estranho; é isso que significa estética hoje. O ponto nodal das ponderações de Boulez é que ele se enganou sobre a opinião corrente, entre artistas de vanguarda, de que modos de usar comentados de procedimentos técnicos já sejam uma obra de arte; depende do que o artista faz, não da maneira como e com que meios, ainda que sejam avançados, ele a quis fazer.[21] Também para Boulez há uma coincidência, sob o aspecto do processo atual de criação artística, entre uma visão da situação histórica e, mediada por essa, a relação antitética à tradição, com consequências decisivas para a produção. A crítica à estética alheia à coisa, ainda justificada por Schönberg – separação dogmaticamente decretada de doutrina artesanal e estética, que circundava os artistas de sua geração, como os da Bauhaus –, é invalidada por Boulez como artesanato, como *métier*. Mesmo a Doutrina da Harmonia de Schönberg pôde somente lhe sobreviver porque ele se

---

21 Cf. Pierre Boulez, "Nécessité d'une orientation esthétique", in *Zeugnisse, Theodor W. Adorno zum sechzigsten Geburtstag*, Org. M. Horkheimer, Frankfurt am Main, 1963, p. 334ss.

restringiu, no livro, aos meios que já há muito tempo não eram os seus; se os tivesse explanado, então seria, na carência por prescrições artesanais didaticamente ultrapassadas, incondicionalmente coagido a uma tomada de posição estética. Ela responde ao fatal envelhecimento da Modernidade por meio da ausência de tensão da obra totalmente técnica. Apenas intratecnicamente é quase impossível ir ao seu encontro, apesar do fato de que, na crítica técnica, sempre se anuncia também algo supratécnico.

O fato de que hoje em dia a arte de algum modo relevante é indiferente no seio da sociedade que a tolera afeta a própria arte com signos de algo em si mesmo indiferente, algo que, apesar de toda a determinação, assim mesmo poderia ser diferente, ou mesmo simplesmente não ser. O que recentemente vale como critério técnico não admite mais qualquer juízo sobre a qualidade estética e o relega, sob muitos aspectos, à categoria ultrapassada do gosto. Muitos construtos diante dos quais a questão da importância se tornou inadequada, devem-se, de acordo com o comentário de Boulez, meramente à oposição abstrata em relação à indústria cultural, não ao teor e não à capacidade de realizá-lo. A decisão da qual ela escapa se encontraria apenas numa estética que não só mostra afinidade com as tendências mais avançadas, como também as recupera e supera na força da reflexão. Ela precisa desistir do conceito de gosto, no qual a pretensão da arte à verdade dolorosamente se prepara para morrer. A estética convencional é acusada da culpa de, em virtude de abandonar o juízo de gosto subjetivo, matar de antemão a pretensão à verdade da arte. Hegel, que a levou a ferro e fogo e afirmou a arte contra o jogo agradável e útil, foi nisso um inimigo do gosto, sem que tenha podido romper, nas partes materiais da estética, com sua casualidade. É mérito de Kant ter reconhecido a aporia entre a objetividade estética e o juízo de gosto. Ele realizou, de fato, uma análise estética do juízo de gosto segundo os seus momentos, mas os pensou, ao mesmo tempo, como latentes, aconceitualmente objetivos. Com isso, ele tanto assinalou a ameaça nominalista de cada teoria enfática, simplesmente não removível por qualquer vontade, quanto assegurou os momentos aos quais a teoria ascende. Em virtude do movimento espiritual de seu objeto, que também fechou os olhos diante desse movimento, ele ajudou a pensar as mais profundas inquietações de uma arte que surgiu nos 150 anos depois de sua morte: a que tateia por sua objetividade no terreno aberto, descoberto. Dever-se-ia realizar o que, nas teorias de Kant e de Hegel, espera-se por resolução por meio da segunda reflexão. O cancelamento da tradição da estética filosófica deveria impulsionar essa reflexão em direção à deles.

ESTÉTICA COMO REFÚGIO DA METAFÍSICA

A miséria da estética aparece, de modo imanente, no fato de que ela não pode ser constituída nem por cima nem por baixo; nem a partir dos conceitos nem da experiência aconceitual. Contra essa alternativa ruim, a única ajuda vem da visão da filosofia de que fato e conceito não se contrapõem mutuamente como polos, mas são mediados um pelo outro. Isso a estética precisa absorver, porque a arte carece renovadamente dela desde que a crítica se mostrou tão desorientada que passou a falhar diante da arte por meio de juízo falso ou aleatório. Se ela não deve ser nem prescrição alheia à arte, nem débil classificação do que se encontra disponível, então não pode se apresentar de outro modo a não ser dialeticamente; em geral, não seria uma determinação inadequada do método dialético a de que ele não se detém diante daquela cisão do dedutivo e do indutivo que predomina sobre o pensamento coisalmente enrijecido, cisão a que resistiram abertamente as formulações mais precoces da dialética no idealismo alemão, as de Fichte.[22] A estética não pode permanecer atrás da arte, da mesma maneira que não pode permanecer atrás da filosofia. A estética hegeliana se tornou, em que pese sua pletora de visões mais significativas, pouco adequada ao conceito de seus principais escritos de dialética, assim como outras partes materiais do sistema. Isso não é fácil de recuperar. Na dialética estética, não é possível pressupor a metafísica do espírito, que tanto em Hegel quanto em Fichte pretenderia garantir que o singular, com o qual a indução se ergue e o universal, do qual se deduz, são um só. O que se dissolveu na filosofia enfática a estética não pode requentar. Mais próxima do estado presente está aquela teoria kantiana que se empenhou em juntar a consciência do que é

---

22 Cf. Johann Gottlieb Fichte, *Erste Einleitung in die Wissenschaftslehre*, *Ausgewählte Werke*, vol. 3, Org. F. Medicus, Darmstadt, 1962, p. 31.

necessário com a do seu deslocamento. O seu caminho também é cego. Ela tateia no escuro e é, mesmo assim, dirigida por uma coerção naquilo a que ela se dirige. Esse é o nó de todo o esforço estético hoje. Não de todo impotente, esse esforço procura desatá-lo. Pois a arte é, ou foi até o mais recente limiar, sob a cláusula geral do seu aparecer, o que a metafísica – inaparente – sempre quis ser.

Quando Schelling declarou a arte como *organon* da filosofia, involuntariamente admitiu o que a grande especulação idealista silenciou ou, no interesse de sua autoconservação, negou; de acordo com isso, Schelling também, como se sabe, não realizou sua própria tese da identidade tão intransigentemente quanto Hegel. O traço estético, o de um gigantesco *como se*, foi algo que Kierkegaard atribuiu a Hegel, e ele seria demonstrável na *Grande lógica* até nos detalhes.[23] A arte é o existente e amplamente sensível que, desse modo, se determina como espírito, conforme o idealismo simplesmente afirma acerca da realidade extraestética. O clichê ingênuo que xinga o artista de idealista, ou de tolo, de

....

23 Cf. Theodor W. Adorno, *Drei Studien zu Hegel*, Frankfurt am Main, 1969, p. 138ss. e p. 155. [*Três estudos sobre Hegel*, p. 214ss.]

acordo com o gosto, por causa dos assuntos da suposta razão absoluta, encobre a experiência disso. As obras de arte são, por sua própria compleição, objetivas e, de modo algum apenas por sua gênese em processos espirituais, também espirituais: do contrário seriam, por princípio, indiferenciáveis de comida e bebida.

Aqueles debates estéticos contemporâneos advindos do leste, que confundem o primado da lei formal como algo espiritual com uma visão idealista da realidade social, são desprovidos de objeto. Somente como espírito a arte é contradição à realidade empírica que se movimenta para a negação determinada da estrutura existente do mundo. A arte deve ser reconstruída tão dialeticamente quanto o espírito lhe é inerente, sem que ela, ao contrário, o possuísse como absoluto ou o garantisse. As obras de arte são, ainda que possam muito parecer um ente, a cristalização do processo entre aquele espírito e o seu outro. Isso implica na diferença da estética hegeliana. Nela, a objetividade da obra de arte é a verdade do espírito, passada em sua própria alteridade e idêntica a si mesma. Nela, o espírito se tornou uno com a totalidade, também com aquela que há na arte. Ele é, porém, depois da queda da tese geral do idealismo, apenas um fator nas obras de arte; de fato o fator que faz delas arte, mas de modo algum presente sem aquilo que se lhe contrapõe. O espírito não consome esse fator, na mesma medida que a história desde sempre quase não conheceu a identidade pura do espírito e do não espiritual nas obras de arte exigentes.

O espírito nas obras é constitutivamente não puro. Os construtos que parecem incorporar essa identidade não são os mais significativos. Aquilo que se contrapõe ao espírito nas obras de arte não é, portanto, de modo algum, o elemento natural nos seus materiais e objetos. Ele constitui, nas obras de arte, meramente um valor limítrofe. O que se contrapõe a ele é algo que elas portam em si mesmas; os seus materiais são pré-formados social e historicamente, assim como os seus procedimentos, e o seu elemento heterogêneo é aquilo nelas que resiste à sua unidade e aquilo de que a unidade precisa para ser mais do que uma vitória de Pirro sobre o que não resiste. Desse modo, a reflexão estética se encontra unida à história da arte, que empurrou incansavelmente o dissonante para o centro, até a eliminação de sua diferença com o consonante. Desse modo, ela participa do sofrimento que, em virtude da unidade de seu processo, tateia até a linguagem, não desaparece. A estética de Hegel se diferenciou daquela meramente formal pela seriedade, porque apesar dos seus traços harmonísticos, da crença na aparência sensível da ideia, reconheceu isso e associou a arte à consciência das necessidades. Aquele que primeiramente anteviu um fim da arte designou a mais correta motivação para a sua continuidade: a continuidade das carências mesmas, que esperam por aquela expressão que as obras de arte substitutivamente realizam para o que não tem palavras. Que o momento do espírito seja, porém, imanente às obras de arte, quer dizer que ele não deve ser equiparado ao espírito que as produziu, nem mesmo ao espírito coletivo da época. A determinação do espírito nas obras de arte é a mais elevada tarefa da estética; tanto mais urgente, já que ela não deve se deixar prescrever pela filosofia à categoria do espírito. O *common sense*, tendendo a equiparar o espírito das obras de arte àquilo que os seus autores nelas infiltraram de espírito, deve descobrir suficientemente rápido que as obras de arte são coconstituídas (*mitkonstituiert*) por meio da resistência do material artístico, por meio de seu postulado próprio, por meio de modelos e modos de experiência historicamente contemporâneos, elementares já num espírito que, resumindo e desviando de Hegel, pode ser chamado de objetivo, de modo que sua redução ao espírito subjetivo se torna superada. Isso afasta a pergunta sobre o espírito das obras de arte de sua gênese. A relação recíproca de matéria e trabalho, tal como Hegel a desdobrou na dialética do senhor e do servo, se reproduz fortemente na arte. Se aquele capítulo da *Fenomenologia do espírito* evoca a fase do feudalismo, então algo arcaico adere à própria arte, segundo sua própria existência. A reflexão sobre isso é inseparável daquela sobre o direito da arte de continuar a existir. Os neotrogloditas sabem isso hoje melhor do que a ingenuidade da inabalável consciência cultural.

A EXPERIÊNCIA ESTÉTICA COMO COMPREENDER OBJETIVO

A teoria estética, intimidada diante da construção apriorística e advertida pela crescente abstração, tem como palco a experiência do objeto estético. Ele não é algo simplesmente cognoscível a partir de fora e exige da teoria que ela o compreenda, qualquer que seja o nível de abstração. Filosoficamente, o conceito de compreensão está comprometido pela Escola de Dilthey e por categorias como a empatia (*Einfühlung*). Se se põe esses mesmos teoremas fora de combate e se exige a compreensão das obras de arte por meio de seu conhecimento estritamente determinado por sua objetividade, as dificuldades ficam enormes. Deve-se de antemão ter em mente que, se em algum lugar isso ocorre, na estética o conhecimento se realiza em camadas. Apenas seria arbitrário fixar o início dessa disposição em camadas na experiência. Ela retorna profundamente para trás da sublimação estética, não separada da percepção viva. Permanece aparentada a essa percepção, enquanto só se torna o que é, por outro lado, distanciando-se da imediatidade em que ela permanentemente está ameaçada de novamente submergir como o comportamento de cultura (*Bildung*) de excluídos, que ao ouvir o relato sobre a ação de uma peça de teatro ou de um filme usam o pretérito perfeito em vez do presente. Sem qualquer vestígio dessa imediatidade, porém, a experiência artística é tão vã quanto qualquer outra que sucumbe àquele momento.

PRIMEIRA INTRODUÇÃO À *TEORIA ESTÉTICA*

Então, de modo alexandrino, ela mira, ao largo, na exigência de uma existência própria imediata, anunciada por toda obra de arte, quer queira quer não.

Uma experiência pré-artística do que é estético tem o seu elemento falso no fato de que ela se identifica e se contraidentifica com as obras de arte como na vida empírica e, onde isso é possível, ainda em grau mais elevado, portanto exatamente por meio daquele posicionamento que o subjetivismo considerava como órgão da experiência estética. Aproximando-se, sem conceito, da obra de arte, ela permanece aprisionada no círculo do gosto e se encontra tão enviesada em relação à obra como ocorre com o seu mau uso enquanto exemplo de ditos filosóficos. A suavidade do aficionado ansioso pela identificação fracassa diante da dureza da obra de arte; mas o pensamento duro se engana a si mesmo sobre o momento da receptividade, sem o qual ele igualmente seria pouco pensamento. A experiência pré-artística carece da projeção,[24] que é, entretanto,

---

24. Cf. Max Horkheimer e Theodor Adorno, *Dialektik der Aufklärung*, Frankfurt am Main, 1969, p. 196ss. ["Indústria cultural. O esclarecimento como mistificação das massas", in *Dialética do esclarecimento*, p. 174ss.]

estética, exatamente pelo primado apriorístico nela da subjetividade, um contramovimento do sujeito. Ela exige algo como autonegação do observador, no sentido de sua capacidade de abordar aquilo ou de se tornar consciente daquilo que os objetos estéticos dizem e silenciam a partir de si próprios. A experiência estética impõe antes de tudo, distância entre o observador e o objeto. No pensamento da consideração desprovida de interesse, isso reverbera. Filisteus são aqueles cuja relação com as obras de arte é dominada pelo quanto eles podem se pôr no lugar das pessoas que lá aparecem; todos os ramos da indústria cultural se baseiam nisso e nisso fixam os seus clientes. Quanto mais experiência estética têm os seus objetos, quanto mais perto ela, em certo sentido, está deles, mais ela também lhes dá as costas. O entusiasmo com a arte é estranho à arte. Com isso, a experiência estética rompe, como já sabia Schopenhauer, o encanto da rígida autoconservação. Modelo de um estágio de consciência no qual o eu não mais teria sua felicidade nos seus interesses, no final das contas, em sua reprodução.

No entanto, quem percebe adequadamente a trama de um romance ou de um drama, juntamente com suas motivações, ou o estado de coisas num quadro, ainda não compreendeu o construto, e esse fato evidencia tão bem o quanto a compreensão carece daqueles fatores. Há descrições e, inclusive, análises – por exemplo, as temáticas da música –, exatas do ponto de vista da ciência da arte, que continuam devendo tudo o que é mais essencial. Uma segunda camada seria a compreensão da intenção da obra, aquilo que ela a partir de si mesma quer anunciar, segundo a linguagem da estética tradicional, sua ideia, por exemplo, a culpabilidade da moralidade subjetiva no *Pato selvagem* de Ibsen.[25] A intenção da obra não é, entretanto, o mesmo que o seu conteúdo e a sua compreensão preliminar. Desse modo, ela não sabe julgar se a intenção teria se realizado no arcabouço da obra, se sua forma comporta o jogo de forças, em grande parte os antagonismos que imperam objetivamente nas obras de arte, para além de sua intenção. Além disso, a compreensão da intenção ainda não atinge o teor de verdade das obras. Por isso, aquele ato de compreensão de obras é essencial, não apenas

---

25 N. do T.: Henrik Johan Ibsen (1828-1906) foi um dramaturgo norueguês, conhecido como um dos criadores do teatro realista moderno.

um processo de degradação biográfica, de modo algum, aquela abominável vivência à qual, num passe de mágica, tudo deve se reduzir, mas que, todavia, constitui um portal para o objeto. A ideia do ato de compreender é a de que, através da experiência integral da obra de arte, penetra-se no seu conteúdo como algo espiritual. Isso diz respeito tanto à sua relação com a matéria, como o fenômeno, e com a intenção, quanto à sua própria verdade ou falsidade, de acordo com a lógica específica das obras de arte, a que ensina a distinguir nelas o verdadeiro do falso. As obras de arte só são compreendidas onde sua experiência atinge a alternativa entre o verdadeiro e o não verdadeiro, ou, como etapa prévia, aquela entre o certo e o errado. A crítica não penetra externamente na experiência estética, mas lhe é imanente. Conceber uma obra de arte como compleição da verdade a põe em relação com sua inverdade, pois não se trata de algo que não participaria no não verdadeiro externo a si, aquele de sua época.

A estética que não se movimenta na perspectiva da verdade adormece diante de sua tarefa; na maior parte das vezes, ela é culinária. Porque o fator de verdade é essencial nas obras de arte, elas participam do conhecimento e, com isso, da relação legítima a elas. Delegá-las à irracionalidade é cometer um delito sob o pretexto de algo mais elevado na sua elevação. O conhecimento das obras de arte segue uma compleição própria de conhecimento: elas são o modo de conhecimento que não é a cognição de um objeto. Esse paradoxo é também o da experiência artística. O seu *medium* é a obviedade do incompreensível. Assim se comportam os artistas; esse é o fundamento objetivo daquilo que há de amplamente apócrifo e desamparado em suas teorias. A tarefa de uma filosofia da arte não é tanto a de explicar totalmente o fator do incompreensível, como inevitavelmente a especulação tentou, mas compreender a própria incompreensibilidade. Ela se conserva como caráter da coisa; apenas isso protege a filosofia da arte do ato de violência contra aquele.

A pergunta pela compreensibilidade se acentua ao máximo diante da produção atual. Pois, se o ato de compreender não for delegado e condenado à relatividade, aquela categoria postula algo objetivamente compreensível na obra de arte. Se esta toma para si a expressão de incompreensibilidade e arruína no seu signo o próprio compreensível a partir de si, então a hierarquia convencional da compreensão entra em colapso. A reflexão do caráter de enigma da arte ocupa o lugar da expressão. No entanto, mostra-se exatamente na chamada literatura do absurdo – o conceito amplo é excessivamente repetido sobre o heterogêneo para que ajude mais do que a incompreensão capaz de levar a um acordo –, na qual compreensão, sentido e conteúdo não são equivalentes. A ausência de sentido se torna intenção: aliás, nem sempre com a mesma consequência. Numa peça como *O rinoceronte*, de Ionesco,[26] apesar da exigência para o entendimento imposta pela metamorfose de pessoas em rinocerontes, deixa-se entrever muito claramente o que se chamava antigamente "ideia": resistência contra a consciência em bloco e padronizada, para a qual o eu funcional seria menos bem-sucedido na adaptação do que os que não acompanham totalmente a racionalidade-fim predominante. A intenção em vista do radicalmente absurdo deveria surgir na necessidade artística de traduzir, numa linguagem artística despida de sentido, o estado da carência metafísica de sentido, de modo polêmico contra Sartre, por exemplo, no qual

---

26 N. do T.: Eugène Ionesco (1909-1994) foi um dramaturgo romeno, conhecido como um dos criadores do Teatro do Absurdo.

PRIMEIRA INTRODUÇÃO À *TEORIA ESTÉTICA*

aquela experiência metafísica, por sua vez, é subjetivamente intencionada de modo resoluto pelo construto. O teor metafísico negativo afeta com a forma, em Beckett, o que é criado poeticamente (*Gedichtete*). Com isso, no entanto, o construto não se torna algo pura e simplesmente incompreensível; a recusa fundamentada de seu autor de, com explicações, extrair supostos símbolos é fiel à tradição estética sob outros aspectos desprezada. Entre a negatividade do teor metafísico e o obscurecimento do elemento estético, predomina uma relação, não uma identidade. A negação metafísica já não confere mais qualquer forma estética que, a partir de si mesma, tenha o efeito de afirmação metafísica que determine a forma e consiga se tornar ao mesmo tempo um conteúdo estético.

ANÁLISE IMANENTE DA OBRA E TEORIA ESTÉTICA

O conceito de experiência artística, que a estética alcança e que, por meio do desejo de compreender, é irreconciliável com o positivismo, não coincide de modo algum, portanto, com aquele conceito corrente da análise imanente de obras. Sem dúvida, essa análise, óbvia para a experiência artística diante da filologia, marca na ciência um progresso decisivo. Ramos da ciência da arte, como o que lida academicamente com a música, só despertaram de sua letargia filisteia quando recuperaram aquele método, em vez de se entregarem a tudo menos às questões estruturais das obras de arte. Mas, na sua adaptação por meio da ciência, a análise imanente de obras, em virtude da qual ela queria se curar de sua estranheza à arte, acolheu por sua vez traços do positivismo, dos quais ela queria se livrar. O rigor com o qual ela se concentra na coisa facilita a recusa a tudo o que na obra de arte não lhe preexiste, como é o caso com o fato de segunda potência. Mesmo em análises motívico-temáticas musicalmente doentias, mas saudáveis contra a tagarelice, frequentemente na crença de que elas já teriam conceituado, por meio da dissolução em materiais fundamentais e seus derivados, o que de não conceituado e correlativo a essa ascese é integrado na má racionalidade. Uma consideração imanente à obra não está assim tão distante de um obtuso artesanato, mesmo que os seus achados majoritariamente imanentes fossem corrigíveis como visão tecnicamente insuficiente. Entretanto, a estética filosófica, num sentimento mais próximo à ideia da análise imanente de obras, tem o seu lugar onde essa análise não chega. Sua reflexão segunda deve impulsionar para além de si mesma os estados de coisas com os quais aquela análise se choca e, assim, impelir o teor de verdade por meio de uma crítica enfática. A análise imanente de obras se restringiu em si mesma, certamente a fim de reduzir o fôlego da convicção social sobre a arte. O fato de que a arte, por um lado, contrapõe-se, autonomizada, à sociedade e, por outro lado, é em si mesma social, prescreve a lei de sua experiência. Quem experimenta na arte apenas o seu aspecto material e enfeita isso como sendo a estética, é filisteu; mas quem a percebe apenas como arte e faz disso uma prerrogativa, assassina o seu conteúdo. Pois ele não pode ser apenas arte, não deve equipará-la a uma tautologia. Equívoca é a consideração da obra de arte que se limita a isso. Sua composição interna carece – ainda que mediatizado – daquilo que, por sua parte, não é arte.

Theodor W. Adorno

PARA A DIALÉTICA
DA EXPERIÊNCIA ESTÉTICA

Apenas a experiência não é uma fonte de direito suficiente, porque uma fronteira lhe é prescrita em termos de filosofia da história. Onde ela a ultrapassa, degrada-se numa honraria empática. Muitas obras de arte do passado, inclusive muito famosas, não são mais possíveis de experienciar imediatamente e se tornam equívocas pela ficção dessa imediatidade. Se é correto que a velocidade histórica se acelera segundo a lei das séries geométricas, então as obras de arte, que historicamente retroagem até não muito longe, já estão inseridas nesse processo. Elas portam consigo uma resistente aparência do que é espontaneamente acessível, a qual deveria ser primeiramente destruída para permitir o seu conhecimento. As obras de arte no estado de sua não experiencialidade são arcaicas. Aquela fronteira não é fixa e não se estende continuamente; ela é, antes, interrupta, dinâmica, e pode ser fluidificada por meio de *correspondance*. O arcaísmo é apropriado como experiência do não experienciável. A fronteira da experiencialidade, porém, força em direção à saída da

Modernidade. Ela, de todo modo, ilumina o passado, enquanto o *usus* acadêmico de se limitar sempre ao passado se desvia desse alvo e, igualmente, por meio do desrespeito à distância, se desfaz naquilo que não é mais retornável.

Afinal de contas, no entanto, a arte, mesmo na maior recusa à sociedade, é de uma essência social incompreendida onde essa essência não é compartilhadamente compreendida.[27] Desse modo, a experiência estética é penalizada em sua prerrogativa. Culpado disso é um procedimento coruscante entre as categorias. Aquela recai em movimento por si mesma, por meio da contradição de que a imanência constitutiva do âmbito estético também é a ideologia que escava a essência. A experiência estética deve se superar a si mesma. Ela atravessa por entre os extremos, não se estabelece pacificamente no seu meio ruim. Nem ela desiste dos motivos filosóficos que ela transforma em vez de seguir adiante a partir deles, nem exorciza em si o momento

---

[27] Cf. Theodor W. Adorno, *Noten zur Literatur I*, 6ª ed., Frankfurt am Main, 1968, p. 73ss. *Notas de literatura*, Trad. Celeste Aida Galeão e Idalina Azevedo da Silva, Rio de Janeiro: Edições Tempo Brasileiro, 1991, p. 77ss.]

social. O fato de uma sinfonia de Beethoven não ser compreensível para alguém que não entenda nela os assim chamados procedimentos puramente musicais, assim como para alguém que não perceba nela o eco da Revolução Francesa[28] e, como ambos os momentos se mediatizam no fenômeno, é algo que consta entre os tão rígidos quanto inevitáveis temas da estética filosófica.

Não apenas experiência: só com o pensamento nela saturado o fenômeno é compreensível. A estética não deve se medir aconceitualmente com os fenômenos estéticos. Faz parte da experiência da arte a consciência do seu antagonismo imanente entre interior e exterior. A descrição de experiências estéticas, teoria e juízo, é muito pouco. Se se necessita da experiência das obras, não do pensamento meramente proveniente delas, então, ao contrário, nenhuma obra de arte se apresenta de modo adequado num dado imediato, nenhuma é compreensível de modo puro, a partir de si mesma. Todas são igualmente algo formado por lógica própria e consequência como fatores no contexto de

....

28 Cf. Theodor W. Adorno, *Einleitung in die Musiksoziologie. Zwölf theoretische Vorlesungen*, 2ª ed., Reinbek, 1968, p. 226. [*Introdução à sociologia da música, Doze preleções teóricas*. Trad. Fernando R. de Moraes Barros, São Paulo: Edunesp, 2009, p. 389.]

espírito e sociedade. Ambos os momentos não são separáveis, segundo usos cientificistas, de modo asséptico. Da afinidade imanente participa uma consciência correta do elemento externo; o lugar espiritual e social de uma obra é possível de localizar apenas através de sua cristalização interna. Nada há de artisticamente verdadeiro cuja verdade não tenha se legitimado ultrapassando; nenhuma obra de arte de consciência correta que não tenha se conservado de acordo com a qualidade estética. O *kitsch* do Bloco do Leste diz algo sobre a inverdade da pretensão política, na qual o socialmente verdadeiro seria efetivo. O modelo do ato de compreender é o procedimento que se movimenta na obra de arte; se o ato de compreender corre risco, à medida que a consciência pula fora daquela região, então ela deve novamente se manter em movimento, tanto fora quanto dentro, apesar da resistência que essa mobilidade do pensamento impõe para si. De quem está apenas dentro a arte não lhe abre o olho; quem estiver apenas fora falsifica as obras de arte por meio de pouca afinidade. A estética se torna, entretanto, algo mais do que um rapsódico ir e vir entre ambos os pontos de vista, desenvolvendo sua imbricação na coisa.

Theodor W. Adorno

UNIVERSAL E PARTICULAR

A consciência burguesa tende também à desconfiança de quem é alheio à arte, tão logo a consideração se relaciona a uma posição exterior à obra de arte, já que aquela consciência, por sua vez, em sua relação com as obras de arte, cuida de perambular fora dessas. Deve-se lembrar da suspeita de que a experiência artística como um todo não é de modo algum tão imediata quanto seria do gosto da religião da arte. Cada experiência de uma obra de arte depende de seu ambiente, de seu valor posicional, de seu lugar, no sentido literal e no figurado. A ingenuidade excessivamente zelosa, que não quer dar voz a isso, desconhece simplesmente aquilo que lhe é mais sagrado. De fato, aquela obra de arte, mesmo a hermética, extrapola, por meio de sua linguagem formal, sua clausura monadológica. Uma obra desse tipo necessita, para ser experienciada, do pensamento, ainda que rudimentar e, porque esse não se deixa deter, propriamente da filosofia, como comportamento pensante que não se interrompe por ordenações oriundas da divisão do trabalho. Em virtude da universalidade do pensamento, cada reflexão exigida por uma obra de arte é

PRIMEIRA INTRODUÇÃO À *TEORIA ESTÉTICA*

também exterior; a medida de sua fecundidade é decidida pelo que, por meio dela, é iluminado no interior da obra. É inerente à ideia de uma estética libertar, por intermédio da teoria, a arte do enrijecimento ao qual ela é submetida pela divisão do trabalho que lhe é inevitável. Compreender obras de arte não é *khóris*[29] de sua explicação; nem mesmo da explicação genética, mas de sua compleição e de seu conteúdo, assim como explicar e compreender não são a mesma coisa. Do mesmo modo que para o ato de compreender conta a camada não explicativa da execução espontânea, conta também a camada explicativa; o ato de compreender ultrapassa o entendimento da arte de corte convencional.

Explicar envolve, quer se queira quer não, também uma remissão do novo e desconhecido ao conhecido, ainda que o melhor nas obras resista a isso. Sem essa redução, que profana as obras de arte, elas não poderiam sobreviver. O que elas têm de essencial, o intocado, depende de atos identificadores, de retenção; assim ele é falsificado em algo conhecido e velho.

---

29 N. do T.: Em grego, no original, com o significado de "algo separado".

Nessa medida, a própria vida das obras é contraditória. A estética deve se conscientizar desse paradoxo, não deve agir como se o seu direcionamento contra a tradição estivesse livre de meios racionais. Ela se movimenta no *medium* dos conceitos universais, mesmo diante do estado radicalmente nominalista da arte e apesar da utopia do particular, algo que ela tem em comum com a arte. Isso não é apenas a sua miséria, mas tem também o seu *fundamentum in re*.[30] Se, na experiência do real, o universal é o que é propriamente mediatizado, então na arte é o particular; se o conhecimento não estético, na formulação kantiana, perguntava pela possibilidade do juízo universal, então, cada obra de arte como algo particular seria possível, de algum modo, sob a dominação do universal. Isso liga a estética, por menos que seu método possa ser o de subsunção sob um conceito abstrato, a conceitos certamente de um tipo cujo *telos*[31] seja o particular. Se em algum lugar a doutrina hegeliana do movimento do conceito é acertada, esse

---

[30] N. do T.: Em latim, no original, com o significado de "fundamento na coisa".

[31] N. do T.: Em grego, no original, com o significado de "fim", "finalidade".

lugar é a estética; ela tem a ver com uma interação recíproca do universal e do particular, que não imputa o universal ao particular a partir de fora, mas o procura em seus centros de força. O universal é o escândalo da arte: tornando-se o que ela é, ela não pode ser o que ela quer ser. À individuação, sua lei própria, é imposta a limitação por meio do universal. A arte leva para fora e, ao contrário, não leva para fora; o mundo que ela reflete permanece o que ele é, porque ele é meramente refletido pela arte. Dadá ainda era, enquanto gesto indicativo, no qual a palavra se transforma a fim de abalar sua conceptualidade, tão universal como o repetido pronome demonstrativo infantil que o Dadaísmo escolheu para si como palavra de ordem. Enquanto a arte sonha com o absolutamente monadológico, ela é – para sua sorte ou azar – validada com o universal. Ela tem que ultrapassar o ponto do *tode ti*[32] absoluto, com o qual ela deve se concentrar. Isso tornou o Expressionismo objetivamente datado; a arte deveria então tê-lo superado, se os artistas tivessem se acomodado menos servilmente: eles regrediram para trás dele. Sempre onde

---

32 N. do T.: Em grego, no original, com o significado de "esse algo".

as obras de arte, na trilha de sua concreção, eliminam polemicamente o universal – um gênero, um tipo, um idioma, uma fórmula –, o que é separado permanece contido nelas por meio de sua negação. Esse estado de coisas é constitutivo para a Modernidade.

A visão voltada para a vida do universal em meio à especificação impulsiona a universalidade, no entanto, para além da aparência daquele ser em si que é o principal culpado pela esterilidade da teoria estética. A crítica aos invariantes não os nega simplesmente, mas os pensa na sua própria variância. A estética não tem a ver com o seu objeto como um fenômeno originário. A Fenomenologia e seus sucessores se lhe oferecem, porque ela, como seria de se exigir da estética, se opõe a proceder tanto de cima para baixo quanto de baixo para cima. Ela não gostaria, por dizer respeito à arte, nem de desenvolvê-la a partir de seus conceitos filosóficos, nem de ascender a ela por meio de comparação abstrata, mas sim de dizer o que ela é. Essa essência seria a sua origem, critério do seu verdadeiro e do seu falso. Mas o que transparece aqui a partir da arte como num passe de mágica permanece extremamente ralo e fornece muito pouco para a manifestação artística. Quem quiser obter mais deve se fiar numa densidade que é irreconciliável com o mandamento da pura essencialidade. A fenomenologia da arte fracassa na pressuposição de ausência de pressuposição. A arte zomba das tentativas de certificá-la por pura essencialidade. Ela não é o que deve ter sido desde sempre, mas o que ela se tornou. Quanto menos a questão pela origem individual das obras de arte diante de sua objetividade que inclui os momentos subjetivos frutifica, quanto menos se deve recorrer, por outro lado, à sua origem no seu sentido próprio. Não é algo acidental para a arte, mas uma lei, que a origem lhe escape. Ela nunca satisfez totalmente as determinações de seu puro conceito, que ela adquiriu para si e das quais se nutre; de acordo com Valéry,[33] as obras de arte mais puras não são de modo algum as mais elevadas. Se se quisesse reduzir a arte a fenômenos originários como o impulso à imitação, a necessidade de expressão, as imagens mágicas, recair-se-ia no particular e no arbitrário. Aqueles momentos jogam com a arte, nela penetram, nela sobrevivem; nada disso a constitui totalmente. A estética não tem

33 N. do T.: Paul Valéry (1871-1945) foi um poeta, escritor e filósofo francês.

que extrair, em caçada vã, a essência originária da arte, mas pensar esses fenômenos em constelação histórica. Nenhuma categoria individual isolada pensa a ideia da arte. Ela é uma síndrome movimentada por si mesma. Altamente mediatizada em si, ela precisa da mediação pensante; apenas ela, não a supostamente originária intuição doadora, termina no seu conceito concreto.[34]

POSIÇÃO DIANTE DA ESTÉTICA DE HEGEL

O princípio estético central de Hegel, o do belo como aparecer sensível da ideia, pressupõe no seu conceito o espírito absoluto. Somente se a sua pretensão total fosse concedida, se a filosofia pudesse trazer ao conceito a ideia do absoluto, aquele princípio teria sua força. Numa fase histórica em que a visão da realidade da razão se tornou um escárnio violento, a interpretação de Hegel empalidece, apesar da riqueza em termos de uma visão verdadeira que ela descortinou como consolo. Se

---

[34] Cf. Theodor W. Adorno, "Über das gegenwärtige Verhältnis von Philosophie und Musik", in *Filosofia dell'arte*, Roma e Milão, 1953 (Archivio di filosofia, ed. E. Castelli), p. 5ss.

PRIMEIRA INTRODUÇÃO À *TEORIA ESTÉTICA*

sua concepção mediatizou de modo feliz a história com a verdade, então sua verdade própria não deve ser isolada da infelicidade da história. A crítica de Hegel a Kant permanece. O belo que deva ser mais do que um jardim de teixos[35] não é algo puramente formal, a ser remetido a funções intuitivas subjetivas, mas há de buscar o seu fundamento no objeto. Porém, o seu esforço nessa performance se aniquila, porque ela postula – erroneamente – de modo metaestético a identidade de sujeito e objeto no todo. Não é um fracasso aleatório do pensador individual, mas algo condicionado por aquela aporia pela qual, hoje, as interpretações filosóficas de poemas, exatamente onde elas elevam mitologicamente a palavra poética e o que é criado, não penetram o contexto das obras a serem interpretadas no que é criado e se dirigem preferencialmente a elas como palco da tese filosófica: filosofia aplicada, algo *a priori* fatal, lê das obras de que toma emprestado o ar de concreção nada além de si mesma. Se a objetividade estética, na

....

35 N. do T.: Teixo é o nome popular de Taxus baccata L., uma espécie de gimnospérmica arborescente da família das taxáceas. A manifestação de Adorno remete provavelmente à concepção de "belo natural" em Kant, que prepondera sobre o belo artístico e mereceu críticas da parte de Hegel.

qual também a categoria do belo é apenas um momento, permanece canônica para toda reflexão adequada, então ela já não ocorre nas estruturas conceituais prefiguradas na estética e oscila peculiarmente como algo incontestável e, ao mesmo tempo, não assegurado. O seu lugar é apenas ainda a análise de estados de coisas, em cuja experiência a força da especulação filosófica é transposta, sem que ela se permita posições fixas de partida. As doutrinas estéticas de especulação filosófica não devem ser preservadas como patrimônio cultural, mas também não devem ser abaladas, no fim das contas, em benefício da suposta imediatidade da experiência estética: nela já se encerra implicitamente aquela consciência da arte, propriamente também da filosofia, da qual alguém poderia se imaginar dispensado pela consideração ingênua dos construtos. A arte só existe dentro de uma linguagem artística já desenvolvida, não sobre a *tabula rasa* do sujeito e de suas autodeclaradas vivências. Por isso, essas vivências são indispensáveis, mas de modo algum fontes últimas do direito do conhecimento estético. Exatamente os momentos não redutíveis ao sujeito, não apropriáveis em chã imediatidade, precisam da consciência e, com isso, da filosofia. Ela é inerente a toda a experiência estética, desde que não seja estranha à arte, bárbara. A arte espera pela própria explicação. Metodologicamente, realiza-se na confrontação das categorias historicamente herdadas e dos momentos da teoria estética com a experiência estética, que ambos corrigem reciprocamente.

CARÁTER ABERTO DA ESTÉTICA; ESTÉTICA FORMAL E DE CONTEÚDO (I)

A estética de Hegel dá conta fielmente do que deve ser feito. Apenas o sistema dedutivo impede aquela devoção à sociedade que, por sua vez, é sistematicamente postulada. A obra hegeliana incumbe o pensamento sem que suas respostas continuem a ser vinculadas a ela. Se as concepções estéticas mais poderosas, a kantiana e a hegeliana, foram fruto dos sistemas, então elas foram esgotadas com o seu colapso, sem por isso serem aniquiladas. A estética não transcorre na continuidade do pensamento científico. As estéticas individuais irmanadas à filosofia não toleram qualquer fórmula comum como sua verdade; essa deve ser procurada, antes, nos seus conflitos. Deve-se abrir mão da ilusão letrada de que um esteta teria herdado os problemas de outro e então deva seguir em frente trabalhando pacificamente neles. Se a ideia da objetividade permanece o cânone de toda reflexão estética adequada, então o seu lugar é a contradição de cada construto estético em si, assim como dos pensamentos filosóficos em relação entre si. O fato de a estética, para ser mais do que uma série de aplausos, querer alcançar o aberto e o descoberto é algo que lhe impõe o sacrifício daquela segurança protegida pelas ciências; ninguém o expressou de modo mais direto do que o pragmatista Dewey. Porque a estética não deve julgar a partir de cima a respeito da arte, de modo que lhe seja exterior, mas ajudar suas tendências internas a atingir uma consciência teórica; ela não pode migrar para uma zona de segurança que imponha mentiras a cada obra de arte que se contente com isso. Nas obras de arte, prolonga-se às altitudes mais elevadas aquilo sobre o que o iniciado mais inepto, mal posicionado no piano e desenhando errado com o lápis, é ensinado; o caráter aberto das obras de arte, sua relação crítica com o que já é estabelecido, da qual depende a qualidade, implica a possibilidade de total fracasso, e a estética se aliena do seu objeto tão logo ela, por meio de sua própria configuração, engana a respeito disso. O fato de nenhum artista saber seguramente se do que ele faz virá algo, sua felicidade e o seu medo de todo alheio à autocompreensão corrente da ciência, designa subjetivamente algo objetivo, a expositividade de toda a arte. O seu ponto de fuga menciona a visão de que obras de arte perfeitas quase já não existem. A estética deve relacionar essa desproteção de seu objeto com a exigência de sua objetividade e dela própria. Aterrorizada pelo ideal da ciência, a estética recua diante desse paradoxo; mas ele é o seu elemento vital. É possível explicar a relação entre determinidade e abertura nela, talvez, pelo fato de que os caminhos de experiência e pensamento que levam às obras de arte sejam infinitamente diversos, mas que convergem no teor de verdade. Para a prática artística, que a teoria deveria seguir mais de perto do que o normal, isso é habitual. Assim, o primeiro violino de um quarteto de cordas disse, num ensaio, a um músico nele ativo, embora não executante, que ele poderia e deveria externar críticas e sugestões sempre que algo lhe ocorresse; de cada observação desse tipo, na proporção de sua adequação, o transcurso do trabalho se dirige finalmente para o que é próprio, para a interpretação correta.

Mesmo enfoques contraditórios são legítimos na estética, por exemplo, os que dizem respeito à forma e os que dizem respeito às camadas materiais relativamente firmes. Até no período mais recente, todas as modificações do comportamento estético, embora pertencentes ao sujeito, tinham também o seu aspecto objetual; em todas se revelaram novas camadas objetuais descobertas pela arte, a elas adaptadas, outras se extinguiram. Até a fase em que a pintura objetual se extinguiu, ainda no Cubismo, um caminho a partir dos aspectos objetuais também levou para as obras como que advindas da pura forma. Os trabalhos de Aby Warburg[36] e da sua escola dão testemunho disso. Análises de temas como as realizadas por Benjamin sobre Baudelaire podem, sob certas circunstâncias, ser esteticamente mais produtivas, também diante de

---

36 N. do T.: Abraham Moritz Warburg (1866-1929), mais conhecido como Aby Warburg, foi um historiador da arte alemão que se tornou conhecido por seu estudos sobre o ressurgimento do paganismo no Renascimento italiano.

questões formais, do que a análise oficial da forma, aparentemente mais próxima da arte. Ela tinha e tem, de fato, muita coisa à frente do historicismo obtuso. Entretanto, à medida que extrai da dialética o conceito de forma com o seu outro e silencia a respeito, corre o risco, por outro lado, de se cristalizar. No polo oposto, Hegel não escapou dessa petrificação. O que mesmo o seu inimigo jurado Kierkegaard contabilizou positivamente, a ênfase que ele atribuiu ao conteúdo diante da forma, anuncia não apenas uma resistência contra o jogo vazio e indiferente, mas também a relação da arte para com a verdade, na qual para ele tudo residia. Ele supervalorizou, contudo, também o teor material das obras de arte fora de sua dialética com a forma. Com isso, algo estranho à arte, algo filisteu, recaiu na estética de Hegel, que, então, retorna naquela estética do materialismo dialético, que nesse aspecto duvidou tão pouco daquele mal quanto um dia Marx.

De fato, a estética pré-hegeliana, também a kantiana, ainda não conceitua enfaticamente a obra de arte como tal. Ela a relega ao estatuto de um meio de fruição também sublimado. Mas a ênfase de Kant em seus constituintes formais, por meio dos quais ela primeiramente se torna arte, dignifica mais o teor de verdade da arte do que Hegel, que o menciona a partir de si mesmo, mas não o desenvolve a partir da própria arte. Os momentos da forma, assim como os da sublimação, são diante de Hegel também ainda *dix-huitième* como o mais progressivo, a Modernidade; o formalismo, tal como se pode atribuir facilmente a Kant, tornou-se, mesmo duzentos anos depois dele, palavra de ordem da reação intelectual. Apesar disso, é evidente uma fraqueza no enfoque fundamental da estética kantiana, ainda aquém da controvérsia sobre estética formal e a assim chamada estética de conteúdo. Ela atinge a relação do enfoque dos estados de coisas específicos da crítica da faculdade estética de julgar. Analogamente à teoria do conhecimento, Kant procura, como se isso se compreendesse por si mesmo, pelo "sentimento do belo", chamado assim por ele no estilo do século XVIII, de acordo com uma fundamentação subjetiva-transcendental. Depois da *Crítica da razão pura*, entretanto, os artefatos seriam constituintes, recairiam eles próprios na esfera dos objetos, uma camada que se estabelece acima da problemática transcendental. Nela, a teoria da arte seria possível, em Kant, como uma teoria dos objetos e, ao mesmo tempo, como uma teoria histórica. A posição da subjetividade em relação à arte não é, como pressupôs Kant, a das formas de reação aos construtos, mas, primeiramente, o momento de sua própria objetividade, por meio da qual os objetos da arte se distinguem de outras coisas. O sujeito se encerra em sua forma e em seu conteúdo; apenas secundariamente – e revestido de toda casualidade – na maneira como as pessoas respondem a isso.

A arte remete certamente a um estado no qual, entre coisa e reação, ainda não impera uma dicotomia consolidada; isso leva a confundir como *a priori* formas de reação, que por sua parte são correlatas a uma objetificação coisal. Se se pressupõe o primado da produção sobre a recepção como um processo vital da sociedade, também na arte e para a estética, então a crítica ao ingênuo e convencional subjetivismo estético está implícita. Não se deve recorrer à vivência, a pessoas criadoras ou algo semelhante, mas pensar a arte de acordo com a regularidade da produção objetivamente em desenvolvimento. Deve-se insistir tanto mais nisso, quanto mais cresceu a problemática, designada por Hegel, dos afetos ocasionados pela obra de arte por meio de seu direcionamento ao inadequado. Os contextos efeituais se movimentam segundo a vontade da indústria cultural amplamente contra aquilo diante do que se reage. Por outro lado, como resposta a isso, as obras se refugiam continuamente em sua estrutura e, com isso, contribuem para a contingência dos efeitos, enquanto em outros tempos existia, senão harmonia, pelo menos alguma proporção entre ambos. A experiência artística exige, nessa medida, um comportamento cognoscente, não afetivo, para com as obras, o sujeito se encerra nelas e no seu movimento, como um momento; à medida que ele as atinge de fora e não obedece à sua disciplina, ele é estranho à arte, objeto legítimo da sociologia.

ESTÉTICA FORMAL E DE CONTEÚDO (II); NORMAS E PALAVRAS DE ORDEM

A estética hoje deveria estar acima das controvérsias entre Kant e Hegel, sem as nivelar por meio de síntese. O conceito de Kant da forma segundo o agradável (*Wohlgefällige*) é retrógrado diante da experiência estética e não reconstituível. A doutrina de Hegel sobre o conteúdo é excessivamente crua. A música tem muito bem um conteúdo determinado que ocorre nela, e ainda assim despreza o conteudismo tal como Hegel o tinha em vista. O subjetivismo dele é tão total, o seu espírito tão acabado, que sua distinção do seu outro e, com isso, a determinação do outro, não adquire validade em sua estética. Porque para ele tudo se mostra como sujeito, atrofia-se o que há de específico, o espírito como momento das obras de arte, e ele se curva diante do momento material aquém da dialética. Não se deveria poupá-lo da acusação de, apesar de grandiosíssimas intuições, caído prisioneiro, na estética, da filosofia da reflexão por ele combatida. Hegel segue, contra sua própria concepção, o primitivo ponto de vista de que um conteúdo ou matéria seria conformado, ou mesmo, como se diz, "trabalhado", pelo sujeito estético; de qualquer modo, adora trazer à baila, por meio de reflexão, pontos de vista contra a reflexão. Exatamente na obra de arte, falando hegelianamente, conteúdo e matéria devem já ser sujeito. Apenas através de sua própria subjetividade ela se torna algo objetivo, outro. Pois o sujeito é objetivamente mediado em si; em virtude da conformação artística surge o seu conteúdo próprio – latente – objetivo.

Theodor W. Adorno

Nenhuma outra ideia do conteúdo da arte é irrefutável; a estética marxista oficial entendeu a dialética tão pouco quanto a arte. A forma é em si mediatizada pelo conteúdo, não de um modo como se se contrapusesse a algo meramente heterogêneo a si, e o conteúdo pela forma; ambos permanecem a ser distinguidos, mas o conteúdo imanente das obras de arte — o seu material e o seu movimento — é fundamentalmente diverso do conteúdo como algo solúvel, a fábula numa peça ou o *sujet* de uma pintura, como Hegel, em toda ingenuidade as equiparou ao conteúdo. Ele e Kant, pensam aquém dos fenômenos estéticos; o segundo aquém de sua profundidade e plenitude; o primeiro aquém do especificamente estético neles. O conteúdo de uma imagem não é apenas o que ela apresenta, mas tudo que ela contém em elementos de cor, estruturas, relações; o conteúdo de uma música, por exemplo, segundo a palavra de Schönberg, é a história de um tema. Para isso pode contar como fator também o objeto: na poesia também a ação ou a história narrada; não menos, entretanto, tudo que contradiz na obra aquilo por meio do que ela se organiza, por meio do que ela se modifica. Forma e conteúdo não devem ser

PRIMEIRA INTRODUÇÃO À *TEORIA ESTÉTICA*

confundidos, mas certamente liberados de sua oposição rígida e insuficiente segundo ambos os polos.

O ponto de vista de Bruno Liebrucks,[37] segundo o qual a política e a filosofia do direito de Hegel residem mais na lógica do que naqueles escritos e lições dedicados a disciplinas materiais, recobre também a estética: só ela deveria impulsionar para uma dialética plena. A *Lógica* hegeliana desenvolve no início de sua segunda parte o argumento de que as categorias da reflexão surgiram, devieram e são igualmente válidas; no mesmo espírito, Nietzsche, no *Crepúsculo dos ídolos*, desmontou o mito de que nada do que deveio (*Gewordenes*) pode ser verdadeiro. Isso é algo que a estética deveria seguir. O que nela se estabeleceu como norma eterna é, como algo que devém (*Gewordenes*), algo transitório, envelhecido em virtude da própria pretensão à irrevogabilidade. Diante disso, no entanto, as exigências e normas atuais, advindas do movimento histórico, não são casuais e facultativas, mas objetivas em virtude de seu conteúdo histórico; o que é efêmero na estética é o seu

---

[37] N. do T.: Bruno Liebrucks (1911-1986) foi um filósofo alemão, cuja obra principal foi *Sprache und Bewusstsein* [*Linguagem e consciência*].

fixado, o seu esqueleto. A estética tem a objetividade de seu conteúdo histórico a ser conceituada não historicamente, como algo inevitavelmente derivado do curso da história, mas a partir de sua própria figura. A estética não se movimenta e se modifica na história segundo o modelo de pensamento trivial: a história é imanente ao seu teor de verdade. Por isso, deve-se exigir atualmente da análise histórico-filosófica da situação, no sentido estrito, o que um dia foi considerado como o *a priori* estético. As palavras de ordem que são deduzidas da situação são mais objetivas do que as normas gerais, diante das quais elas deveriam se responsabilizar de acordo com os usos filosóficos; mas dever-se-ia mostrar que o teor de verdade de grandes manifestos estéticos ou construtos semelhantes entrou no lugar do que antes era desempenhado pela estética filosófica. O indispensável seria a autoconsciência desse teor de verdade de algo extremamente temporal. Isso certamente exige, como contraponto da análise da situação, a confrontação das categorias estéticas tradicionais com aquela análise; apenas ela relaciona entre si o movimento artístico e o do conceito.

PRIMEIRA INTRODUÇÃO À *TEORIA ESTÉTICA*

METODOLOGIA, "REFLEXÃO SEGUNDA", HISTÓRIA

É uma parte da metodologia o fato de que, para a tentativa de uma estética hoje, não pode ser fornecida, segundo os costumes, uma metodologia geral. A culpa é da relação entre o objeto estético e o pensamento estético. Deve-se abordar rigorosamente a insistência no método, não se contrapondo aos métodos aprovados um outro. Enquanto não se entrar nas obras, segundo a comparação goetheana com a capela, o discurso sobre objetividade em coisas estéticas, seja sobre os conteúdos artísticos, seja sobre o seu conhecimento, permanece mera hipótese. Com relação à objeção alarmantemente automatizada de que se falaria de objetividade onde se trataria apenas de opiniões subjetivas, ou de que o conteúdo estético no qual a estética objetivamente orientada desemboca nada mais seria do que uma projeção, a única resposta efetiva se encontra na prova do conteúdo artístico objetivo nas próprias obras de arte. A realização legitima o método e isso recusa a sua suposição. Se a objetividade estética fosse posta à frente de sua realização, enquanto princípio universal abstrato, ela estaria continuamente em desvantagem, não apoiada em qualquer sistema; no posterior, não no primeiro, em seu desdobramento se constitui a sua verdade. Ela não tem nada diferente para contrapor como princípio à insuficiência do princípio. A realização certamente precisa, por sua parte, da reflexão crítica dos princípios. Isso a protege diante do irresponsável pensamento apressado. À sua *hybris*[38] reage o espírito que concebe obras de arte em virtude do espírito objetificado, que já são as obras de arte. O que ele exige do subjetivo é sua própria espontaneidade. Conhecimento de arte significa remeter o espírito objetificado, através do *medium* da reflexão, sempre a seu estado de agregado líquido. A estética tem que se resguardar, entretanto, diante da crença de que ela adquiriria a sua afinidade em relação à arte expressando, como num passe de mágica, o que seria a arte, com a economia de desvios conceituais. Com isso, a mediatização do pensamento é qualitativamente diferente das obras de arte.

O que é mediatizado na arte, aquilo através do que os construtos são algo diferente do seu mero *isso-aí*, deve ser mediatizado uma segunda vez pela reflexão:

---

38 N. do T.: Em grego, no original, com o significado de "ousadia", "temeridade".

por meio do *medium* do conceito. Isso dá certo, no entanto, não por meio do distanciamento do conceito do detalhe artístico, mas por meio de seu direcionamento a ele. Se uma associação fugidiamente perdida cita o trotar de cavalos, ao longo de três compassos, logo antes do término do primeiro movimento da sonata *Les Adieux* de Beethoven, então a passagem rapidamente desaparecida que escapa imediatamente a qualquer conceito, o som do desaparecimento que nem mesmo no contexto do movimento é identificável, diz mais sobre a esperança do retorno do que seria revelado à reflexão genérica sobre a essência da sonoridade fugidia-permanecente. Apenas uma filosofia que conseguisse, na construção do todo estético, assegurar para si essas figuras micrológicas até no seu âmbito mais íntimo realizaria o que promete. Entretanto, para isso ela deve ser, por sua vez, o pensamento consolidado em si, mediatizado. Se ela quisesse, em lugar disso, captar por meio de palavras conjurantes ancestrais o segredo na arte, então ela nada obteria de volta, tautologias, na melhor das hipóteses, características formais das quais evapora exatamente a essência que usurpa o *habitus* da linguagem e a preocupação com a origem.

Theodor W. Adorno

A filosofia não é tão feliz quanto Édipo, que responde depressa ao enigma; já a felicidade do herói, aliás, revelou-se como cega. Uma vez que o enigmático da arte se articula somente nas constelações de cada obra, em virtude de seus modos técnicos de procedimento, os conceitos são não apenas a urgência de sua decifração, mas também a sua chance. A arte, de acordo com sua própria essência, é, na sua particularização, mais do que o seu particular; mesmo a sua imediatidade mediatiza e, assim, é eletivamente aparentada com os conceitos. Acertadamente, o simples entendimento humano não quer que a estética, no seu acentuado nominalismo, se encapsule na análise individual de obras, tampouco ela pode se furtar a isso. Porque ela não deve deixar atrofiar a liberdade para a singularidade, a reflexão segunda, que também esteticamente está na ordem do dia, se movimenta num *medium* distanciado das obras de arte. Sem uma ponta de resignação diante do seu ideal pleno, ela se tornaria vítima da quimera de uma concreção que é a da arte e também nela, não acima de qualquer dúvida, de modo algum a da teoria.

Objeção contra o procedimento abstrator e classificatório, a estética carece, no entanto, das abstrações, e tem como objeto também os gêneros classificatórios. De qualquer modo, os gêneros das obras de arte, mesmo tendo se tornado repressivos, não são mero *flatus vocis*,[39] ainda que a oposição contra a universalidade dos conceitos seja uma força propulsora essencial da arte. Toda obra de arte, ainda que se apresente como perfeita harmonia, é em si mesma um contexto de problema. Enquanto tal, ela toma parte na história e supera, por meio disso, sua própria solidão. No contexto de problema deste tipo, encerra-se na mônada o ente fora dela, por meio do qual ela é constituída. Na zona da história comunicam-se entre si o esteticamente singular e o seu conceito. A história é inerente à teoria estética. Suas categorias são radicalmente históricas; isso empresta ao seu desdobramento o elemento coercitivo que, de fato, se presta à crítica, mas tem força suficiente para romper o relativismo estético, que deve ter em mente a arte como um amontoado facultativo de obras de arte. Mesmo sendo gnosiologicamente questionável dizer de uma obra de arte, ou mesmo de toda a arte, que ela seja "necessária" — nenhuma obra de arte

---

39 N. do T.: Em latim, no original, com o significado de "sopro de voz".

Theodor W. Adorno

deve ser incondicional –, sua relação entre si é de condicionalidade e ela continua no seu contexto interno. A construção desses contextos leva ao que a arte ainda não é e àquilo em que primeiramente a estética teria o seu objeto. Como a arte se encontra concretamente em termos históricos, isso anuncia exigências concretas. A estética opera com sua reflexão; apenas através dela se abre a perspectiva daquilo que seria a arte. Pois ela e suas obras são apenas o que elas podem ser. Porque nenhuma obra de arte pode dissolver sua tensão imanente sem restos; porque a história finalmente ataca mesmo a ideia dessa dissolução, a teoria estética não pode se contentar com a interpretação das obras de arte disponíveis e com seu conceito. O fato de ela retornar ao seu teor de verdade enquanto filosofia a impulsiona para além das obras. A consciência da verdade das obras de arte, exatamente enquanto consciência filosófica, tangencia a forma aparentemente mais efêmera de reflexão estética, o manifesto. O princípio metódico é o de que dos fenômenos mais recentes deve advir luz sobre toda a arte, e não o contrário, segundo o uso do historicismo e da filologia que, no melhor espírito burguês, não gostariam que algo se modificasse. Se a tese de Valéry for verdadeira, de que o melhor no novo corresponde a uma antiga necessidade, então as obras autênticas são críticas do que passou. A estética se torna normativa à medida que ela articula essa crítica. Isso, no entanto, tem força retroativa; apenas dela seria de se esperar algo que finge ser uma estética geral.

NOTA BIOBIBLIOGRÁFICA

Theodor Wiesengrund Adorno nasceu em Frankfurt, Alemanha, em 11 de setembro de 1903, filho do comerciante de vinhos judeu Oscar Wiesengrund e da ex-cantora, de origem católica, Maria Calvelli Adorno. Desde criança demonstrou talento para os estudos e para a música. Conta-se que, aos quatorze anos, se reunia com Siegfried Kracauer, o futuro teórico do cinema, para ler a *Crítica da razão pura*, de Kant. Aos dezoito anos, começou a estudar filosofia, musicologia e psicologia na Universidade de Frankfurt. Na mesma época, deu início às atividades de crítico musical. Em 1924, doutorou-se com uma tese sobre a fenomenologia de Edmund Husserl. Em 1926, mudou-se para Viena, onde estudou composição, com Alban Berg, e piano, com Eduard Steuermann. No fim desse ano, retornou a Frankfurt e realizou suas primeiras tentativas de articular a crítica musical com a das ideologias. Aproximou-se, então, do círculo de Max Horkheimer.

Em 1931, depois de uma primeira tentativa malograda, foi aprovado como livre-docente na Universidade de Frankfurt com uma tese sobre Kierkegaard.

Com a chegada dos nazistas ao poder, em 1933, sua autorização para lecionar foi cassada. Saiu da Alemanha em 1934, inicialmente indo para Oxford, Inglaterra, como *advanced student*. Casou-se com Margarete Karplus. Em 1938, mudou-se, para Nova York, onde já se encontravam Max Horkheimer e outros colaboradores do Instituto para a Pesquisa Social. Em 1941, em Los Angeles, Califórnia, iniciou com Max Horkheimer a redação de *Dialética do esclarecimento*. Em 1944, participou do projeto da Universidade da Califórnia, em Berkeley, sobre a natureza e a extensão do antissemitismo, que foi a base do estudo *A personalidade autoritária*. Nesse mesmo ano, iniciou a redação de *Minima Moralia* e retomou o trabalho que deu origem a *Filosofia da nova música*, livro finalizado em 1949.

Em 1949 retornou a Frankfurt, onde se tornou professor no Instituto para a Pesquisa Social, já reconstruído, e na Universidade de Frankfurt. Retornou aos Estados Unidos em 1952/1953 para um estágio de pesquisa. Em 1961, participou da famosa polêmica sobre o positivismo na sociologia alemã, em que tinha como principal antagonista o filósofo Karl Popper. Em 1963, tornou-se diretor da Sociedade Alemã de Sociologia, tendo sido agraciado, nesse mesmo ano, com o Prêmio Goethe.

Em 1966 publicou *Dialética negativa*, considerado uma das suas principais obras filosóficas e, em 1969, depois de desentendimentos com o movimento estudantil em Frankfurt, Theodor W. Adorno chamou a polícia para desocupar a sede do Instituto para a Pesquisa Social, invadida por estudantes. Morreu de enfarte em 6 de agosto de 1969, durante as férias na Suíça. Em 1970, foi publicado o livro *Teoria estética*, editado por Gretel Adorno e Rolf Tiedemann, a partir dos manuscritos deixados pelo autor.

OBRAS DE ADORNO NO BRASIL

FILOSOFIA DA NOVA MÚSICA.
São Paulo: Perspectiva, 1974.

DIALÉTICA DO ESCLARECIMENTO.
Tradução de Guido Almeida.
Rio de Janeiro: Jorge Zahar Editor, 1984.

TEORIA ESTÉTICA.
Lisboa: Edições 70, 1988.

MINIMA MORALIA.
REFLEXÕES A PARTIR DA VIDA DANIFICADA.
Tradução de Eduardo Bicca.
São Paulo: Editora Ática, 1992.

PALAVRAS E SINAIS: MODELOS CRÍTICOS 2.
Tradução de Maria Helena Ruschel e
supervisão de Álvaro Valls.
Petrópolis: Vozes, 1995.

PRISMAS. CRÍTICA CULTURAL E SOCIEDADE.
Tradução de Augustin Werner e
Jorge Mattos Brito de Almeida.
São Paulo: Ática, 1998.

NOTAS DE LITERATURA I.
Tradução e apresentação de Jorge Mattos
Brito de Almeida.
São Paulo: Duas Cidades/Editora 34, 2003.

EDUCAÇÃO E EMANCIPAÇÃO.
   Tradução de Wolfgang Leo Maar.
   Rio de Janeiro: Paz e Terra, 2006.

INDÚSTRIA CULTURAL E SOCIEDADE.
   São Paulo: Paz e Terra, 2007.

MINIMA MORALIA. REFLEXÕES A PARTIR DA VIDA LESADA.
   Tradução Gabriel Cohn.
   Rio de Janeiro: Beco do Azougue, 2008.

INTRODUÇÃO À SOCIOLOGIA.
   Tradução de Wolfgang Leo Maar.
   São Paulo: Unesp, 2008.

AS ESTRELAS DESCEM À TERRA.
   Tradução de Pedro Rocha de Oliveira.
   Apresentação de Rodrigo Duarte.
   São Paulo: Unesp, 2008.

INTRODUÇÃO À SOCIOLOGIA DA MÚSICA.
   Tradução de Fernando de Moraes Barros.
   São Paulo: Unesp, 2009.

DIALÉTICA NEGATIVA.
   Tradução de Marco Antonio Casanova.
   Rio de Janeiro: Jorge Zahar Editor, 2009.

Kierkegaard. Construção do estético.
    Tradução de Álvaro M. Valls.
    São Paulo: Unesp, 2010.

Berg: o mestre da transição mínima.
    Tradução de Mário Videira.
    São Paulo: Unesp, 2010.

Correspondência 1928-1940 Adorno-Benjamin.
    Tradução de José Marcos Mariani de Macedo.
    São Paulo: Unesp, 2012.

Três estudos sobre Hegel.
    Tradução de Ulisses Razzante Vaccari.
    São Paulo: Unesp, 2013.

Para a metacrítica da teoria do conhecimento. Estudos sobre Husserl e as antinomias fenomenológicas.
    Tradução de Marco Antonio Casanova.
    São Paulo: Unesp, 2015.

Ensaios sobre psicologia social e psicanálise.
    Tradução de Verlaine Freitas.
    São Paulo: Unesp, 2015.

OBRAS SOBRE ADORNO

Alberti da Rosa, Ronel. *Catarse e resistência – Adorno e os limites da obra de arte crítica na Pós-modernidade*. Canoas: Editora da ulbra, 2008.

_____. *A gênese do progresso – influências estéticas na filosofia da nova música de Theodor W. Adorno*. Caxias do Sul: Educs, 2003.

_____. *Música e mitologia do cinema – nas trilhas de Adorno e Eisler*. Ijuí: Unijuí, 2003.

Almeida, Jorge M. B. de. *Crítica dialética em Theodor Adorno: música e verdade nos anos vinte*. Cotia: Ateliê Editorial, 2007.

Alves Júnior, Douglas Garcia. *Depois de Auschwitz: a questão do antissemitismo em Theodor W. Adorno*. São Paulo: Annablume/Fumec, 2003.

_____. *Dialética da vertigem: Adorno e a filosofia moral*. Belo Horizonte: Escuta; Universidade Fumec/FCH, 2005.

Amaral, Mônica Guimarães Teixeira do. *O espectro de Narciso na modernidade: de Freud a Adorno*. São Paulo: Estação Liberdade/Fapesp, 1997.

Baggio, Igor. *O dodecafonismo tardio de Adorno*. São Paulo: Unesp, 2011.

BAHIA, RICARDO JOSÉ BARBOSA. *Das luzes à desilusão: o conceito de indústria cultural em Adorno e Horkheimer.* Belo Horizonte: Autêntica/Universidade Fumec/FCH, 2004.

BARBOSA, RICARDO JOSÉ CORRÊA. *Dialética da reconciliação: estudo sobre Habermas e Adorno.* Rio de Janeiro: UAPÊ, 1996.

BURNETT, HENRY. *Nietzsche, Adorno e um pouquinho de Brasil.* São Paulo: Unifesp, 2011.

CACHOPO, JOÃO PEDRO. *Verdade e enigma. Ensaio sobre o pensamento estético de Adorno.* Lisboa: Edições Vendaval, 2013.

CAMARGO, SÍLVIO CÉSAR. *Modernidade e dominação: Theodor Adorno e a teoria social contemporânea.* São Paulo: Annablume/Fapesp, 2006.

CHIARELLO, MAURÍCIO GARCIA. *Natureza-morta: finitude e negatividade em T. W. Adorno.* São Paulo: Edusp, 2006.

COHN, GABRIEL. *Theodor W. Adorno.* 2ª ed. São Paulo: Ática, 1994.

Duarte, Rodrigo Antônio de Paiva. *Indústria cultural: uma introdução*. Rio de Janeiro: FGV, 2010. (Coleção FGV de bolso. Série Filosofia)

_____. *Adorno/Horkheimer e a dialética do esclarecimento*. Rio de Janeiro: Jorge Zahar Editor, 2002.

_____. *Adornos – nove ensaios sobre o filósofo frankfurtiano*. Belo Horizonte: UFMG, 1997.

_____. *Mímesis e racionalidade. A concepção de domínio da natureza em Theodor W. Adorno*. São Paulo: Loyola, 1993.

Duarte, Rodrigo Antônio de Paiva et al. (Orgs.). *Theoria Aesthetica. Em comemoração ao centenário de Theodor W. Adorno*. Porto Alegre: Escritos Editora, 2005.

Duarte, Rodrigo Antônio de Paiva e Tiburi, Márcia (Orgs.). *Seis leituras sobre a Dialética do esclarecimento*. Ijuí: Unijuí, 2009.

Freitag, Bárbara. *A teoria crítica ontem e hoje*. 3ª ed. São Paulo: Brasiliense, 1990.

Freitas, Verlaine. *Adorno e a arte contemporânea*. Rio de Janeiro: Jorge Zahar, 2003.

Gatti, Luciano F. *Constelações. Crítica e verdade em Benjamin e Adorno*. São Paulo: Edições Loyola, 2009.

JAMESON, FREDRIC. *O marxismo tardio: Adorno, ou a persistência da dialética*. São Paulo: Unesp, 1996.

JAY, MARTIN. *As ideias de Adorno*. Trad. Adail Ubirajara Sobral. São Paulo: Cultrix, 1988.

JIMENEZ, MARC. *Para ler Adorno*. Rio de Janeiro: Francisco Alves, 1977.

KOTHE, FLÁVIO RENÉ. *Benjamin & Adorno: confrontos*. São Paulo: Ática, 1978.

LASTÓRIA, LUIZ NABUCO; PUCCI, BRUNO E ZUIN, ANTONIO ÁLVARO. *10 Lições sobre Adorno*. Petrópolis: Vozes, 2016.

_____. *Adorno: o poder educativo do pensamento crítico*. Petrópolis: Vozes, 2008.

LIMA, LUIZ COSTA. *Teoria da cultura de massa*. Rio de Janeiro: Saga, 1969.

MERQUIOR, JOSE GUILHERME. *Arte e sociedade em Marcuse, Adorno e Benjamin: ensaio crítico sobre a escola neohegeliana de Frankfurt*. Rio de Janeiro: Tempo Brasileiro, 1969.

MODERNO, JOÃO RICARDO. *Estética da contradição*. Rio de Janeiro: Yendis, 2006.

MUELLER, ENIO R. *Filosofia à sombra de Auschwitz. Um dueto com Adorno*. São Leopoldo: EST/Sinodal, 2009.

NOBRE, MARCOS SEVERINO. *A dialética negativa de Theodor W. Adorno. A ontologia do estado falso*. São Paulo: Iluminuras/Fapesp, 1998.

PERIUS, ONEIDE. *Esclarecimento e dialética negativa: sobre a negatividade do conceito em Theodor W. Adorno*. Passo Fundo: Ifibe, 2008.

PINTO, RENAN FREITAS ET AL. (ORGS.). *Teoria Crítica e Adorno. Ideias em constelação*. Manaus: Valer Editora, 2015.

PUCCI, BRUNO (ORG.). *Anais do Colóquio Nacional "O ético, o estético, Adorno"*. São Paulo: Unimep, 1998.

_____. ET AL. (ORGS.). *Dialética negativa, estética e educação*. Campinas: Alínea, 2007.

RAMOS-DE-OLIVEIRA, NEWTON ET AL. (ORGS.). *T. W. Adorno: O poder formativo do pensamento crítico*. Petrópolis: Vozes, 2001.

REIS, SANDRA LOUREIRO DE FREITAS. *Elementos de uma filosofia da educação musical em Theodor Wiesengrund Adorno*. Belo Horizonte: Mão Unidas, 1996.

Rezende, Vani T. *Luzes e estrelas: T. W. Adorno e a astrologia – um estudo sobre a obra* The stars down to earth *de T. W. Adorno*. São Paulo: Associação Editorial Humanitas/Fapesp, 2006.

Rozin, Nilva e Werlang, Júlio C. (Orgs.). *Theodor Adorno: diálogos filosóficos em educação, ética e estética*. Passo Fundo: Ifibe, 2011.

Rüdiger, Francisco. *Theodor Adorno e a crítica à indústria cultural*. Porto Alegre: EdiPUCRS, 2004.

Safatle, Vladimir. *A paixão do negativo. Lacan e a dialética*. São Paulo, Unesp, 2006.

Santos, Francisco Venceslau dos (Org.). *Encontro com Adorno*. Rio de Janeiro: Editora Caetés, 2004.

Seligmann-Silva, Márcio. *A atualidade de Walter Benjamin e de Theodor W. Adorno*. Rio de Janeiro: Civilização Brasileira, 2009.

_____. *Adorno*. São Paulo: PubliFolha, 2003.

Souza, Ricardo Timm. *Adorno & Kafka: paradoxos do singular*. Passo Fundo: Ifibe, 2010.

_____. *Razões plurais: itinerários da racionalidade ética no século XX – Adorno, Bergson, Derrida, Levinas, Rosenzweig*. Porto Alegre: EdiPUCRS, 2004.

Tiburi, Márcia A. *Metamorfoses do conceito – Ética e dialética negativa em Theodor Adorno*. Porto Alegre: Editora da UFRGS, 2005.

_____. *Crítica da razão e mimesis no pensamento de T. W. Adorno*. Porto Alegre: EdiPUCRS, 1995.

Thomson, Alex. *Compreender Adorno*. Petrópolis: Vozes, 2010.

Waizbort, Leopoldo (Org.). *Série Bibliografia – Emile Durkheim, Max Weber, Theodor W. Adorno*. São Paulo: Programa de pós-graduação em Sociologia, FFLCH-USP, 1993.

Werlang, Júlio César. *Educação, cultura e emancipação: estudo em Theodor Adorno*. Passo Fundo: Ifibe, 2005.

Zamora, José Antônio e Sidekum, Antônio. *T. W. Adorno – pensar contra a barbárie*. São Leopoldo: Nova Harmonia, 2008.

SOBRE O ORGANIZADOR E TRADUTOR

Rodrigo Duarte é professor titular do Departamento de Filosofia da Universidade Federal de Minas Gerais (UFMG). É doutor em Filosofia pela Universidade de Kassel (Alemanha, 1990), com pós-doutorado pela Universidade da Califórnia, em Berkeley (EUA, 1997) e tem atuado como professor e pesquisador no Brasil e no exterior. Foi Pró-Reitor de Pós-Graduação da UFMG, de março de 2014 a fevereiro de 2016. Seu interesse principal é a estética contemporânea, especialmente a Teoria Crítica e a contribuição de Theodor W. Adorno.

Participante ativo na consolidação da área de estudos de estética, presidiu a Associação Brasileira de Estética (ABRE) e publicou, entre outros títulos, *Mímesis e racionalidade*; *Adornos – nove ensaios sobre o filósofo frankfurtiano*; *Adorno/Horkheimer e a dialética do esclarecimento*; *Teoria crítica da indústria cultural*; *Dizer o que não se deixa dizer. Para uma filosofia da expressão*;

Deplatzierungen. Aufsätze zur Ästhetik und kritischen Theorie; *Indústria cultural: uma introdução*; *A arte*; *Pós-história de Vilém Flusser: gênese-anatomia-desdobramentos*; *Indústria cultural e meios de comunicação* e *Varia Aesthetica*.

SOBRE A COLEÇÃO

A presença do ensaio como gênero distinto na literatura moderna indica que o espírito crítico é uma das marcas da Modernidade. Esse espírito anima a coleção Ensaios Contemporâneos, que pretende opor a serenidade e o rigor da reflexão à urgência de encontrar respostas. Alguns critérios nortearam a organização da coleção. Foram escolhidos ensaios de autores de grande relevância no cenário intelectual contemporâneo e deu-se preferência a textos ainda não traduzidos para o português. Os temas propostos cobrem um amplo leque — literatura, filosofia, arte, política e história contemporânea. Os organizadores de cada livro são estudiosos destacados dos vários assuntos e são responsáveis pela apresentação de cada volume, a preparação de notas e a bibliografia para o público brasileiro. Espera-se que os ensaios reunidos nesta coleção possam contribuir para um debate de ideias — uma iniciativa imprescindível para o enfrentamento dos impasses do nosso tempo.

Este livro foi editado pela Bazar do Tempo,
na cidade de São Sebastião do Rio de Janeiro,
no verão de 2018.
Ele foi composto com as tipografias
Filosofia e Hipnopaedia,
e impresso em papel pólen bold 90 g/m²,
na gráfica Vozes
2ª edição – 1ª reimpressão
novembro de 2019